D1844255

# DIE HAUS APOTHEKE

# DIE HAUS APOTHEKE

***Wirkungsvolle Rezepte selbstgemacht***

***Jessica Houdret***

***Fotografiert von Michelle Garrett***

**BECHTERMÜNZ VERLAG**

Originaltitel: The Home Apothecary
Originalverlag: Lorenz Books, London
Lorenz Books ist ein Imprintverlag von
Anness Publishing Limited, London

Ins Deutsche übertragen von Ursula Bischoff
Umschlagübersetzung von Heinz Tophinke, München

Deutsche Erstausgabe
Copyright © der deutschen Übersetzung 1999 by
Weltbild Verlag GmbH, Augsburg
Copyright © 1998 by Anness Publishing Limited, London
Fotografien von Michelle Garrett
Redaktion: Paxmann/ Teutsch Buchprojekte, München
Gesamtherstellung: Khai Wah-Ferco Ptd Ltd, Singapore
Printed in Singapore
ISBN 3-8289-1526-4

— *Warnhinweis* —

Alle Rezepte dieses Buchs wurden getestet. Trotzdem können einige Pflanzen, kosmetische und tierische Substanzen allergische Reaktionen hervorrufen. Weder der Autor noch der Verlag können dafür die Verantwortung übernehmen, auch nicht für übermäßigen Gebrauch der Mittel. Bei Irritationen aller Art sollten Sie sofort ärztlichen Rat einholen.

# Inhalt


Einführung 6

*Erstes Kapitel*
**Kräuterkultur 8**

*Zweites Kapitel*
**Heilkräuter zur Stärkung von Leib und Seele 40**

*Drittes Kapitel*
**Aromatische Arzneien, Salben und Lotionen 64**

*Viertes Kapitel*
**Kräuterkosmetik 86**

*Fünftes Kapitel*
**Die Ingredienzien 110**

Beschwerden und Behandlung 126

Index 127

# EINFÜHRUNG

*„Wieviel wir doch mit dem Verlust des alten, schlichten Glaubens an die Wirksamkeit von Kräutern nicht nur bei physischen, sondern auch bei psychischen und sogar bei Herzerkrankungen einbüßen."*

ELEANOR SINCLAIR ROHDE,
*THE OLD ENGLISH HERBALS* (1922)

Die englischen Ärzte im Mittelalter waren als einzige befugt, Arzneien herzustellen und zu verkaufen. Ihre Heilmittel enthielten exotische Gewürze, Harze und aus dem Orient eingeführte Kräuter, aber auch einfache heimische Pflanzen. Ein großer Teil wurde im eigenen Kräutergarten gezogen, der Rest eigenhändig in der freien Natur gesammelt oder gekauft.

Der Glaube an die Macht der Düfte wurde eingesetzt, um Krankheiten abzuwehren. Auch eine gesunde Ernährung galt als unerläßlich für den Heilungsprozeß: Kräuter und Blüten wurden nicht nur wegen ihres Nährwerts oder ihrer Würze, sondern auch wegen ihrer medizinischen Eigenschaften in der Küche verwendet.

*UNTEN: Duftkugeln aus Äpfeln und Orangen, mit Harzen aromatisiert.*

*OBEN: Die Apothekerrose,* Rosa gallica officinalis, *war ein wichtiges Heilkraut.*

Orientierungshilfen bei der Herstellung der Arzneien lieferten dem „Kräuterdoktor" die *Herbalien*, botanische Werke über Heilpflanzen. Das älteste stammt aus China und ist annähernd 5000 Jahre alt; da das Land für den Westen jedoch jahrhundertelang verschlossen blieb, diente das einschlägige Wissen, das zu Beginn der sumerischen und ägyptischen Hochkultur auf Tafeln und Papyrusrollen festgehalten wurde, als Vorläufer der Heilpflanzenbücher in Europa. Berühmte Ärzte im antiken Griechenland nahmen hier Anleihe bei der Entwicklung ihrer eigenen Werke. Ihre Schriften überdauerten das Mittelalter, wurden von Mönchen mehrerer Generationen kopiert und erlebten mit der Erfindung des Druckverfahrens Mitte des 15. Jahrhunderts eine neue Blütezeit. Das Lehrbuch „De Materia Medica" von Dioskorides war Grundlage für viele der ersten gedruckten *Herbalien* in Europa.

Im 16. Jahrhundert schlugen die europäischen Herbalisten einen neuen Kurs in ihrer Arbeit ein, der sich auf die empirische Beobachtung von Pflanzen stützte.

Die Rolle des „Kräuterdoktors" änderte sich. Zu Beginn des 16. Jahrhunderts hatten sie ihren eigenen Berufsstand gegründet: Sie waren die Apotheker der damaligen Zeit. Bis zum nachfolgenden Jahrhundert war die Mitgliedschaft in der „Apothekerzunft" strikt auf praktizierende Ärzte beschränkt, und 1815 erhielt sie das Recht, alle, die sich mit der Ausübung der Heilkunst befaßten, auf Herz und Nieren zu prüfen und ihnen die Approbation zu erteilen. Der Apotheker war zum Allgemeinpraktiker geworden.

Der Wandel fiel mit der Entwicklung der modernen pharmakologischen Forschung zusammen: Ärzte zogen die chemisch hergestellten Medikamente den pflanzlichen Heilmitteln vor. Dieser Fortschritt ging mit einer Verbesserung der Gesundheit, Lebenserwartung und medizinischer Behandlungsmethoden einher. Das hatte gleichwohl zur Folge, daß den Menschen die Eigenverantwortung bei geringfügigen Gesundheitsproblemen weitgehend aus der Hand genommen wurde und die alten Hausmittel in Vergessenheit ge-

Oben: *Medizinische und aromatische Präparate in Destillations- und Vorratskammern.*

rieten. Erst später wurde ein großer Teil des überlieferten botanischen Wissens von der Wissenschaft rehabilitiert, die feststellte, daß gegen viele Bakterien und Pilze „ein Kraut gewachsen" ist.

Dieses Buch enthält Anleitungen zur Herstellung bewährter Hausmittel und kosmetischer Produkte auf pflanzlicher Basis, die positiv auf Gesundheit und Wohlbefinden wirken. Außerdem finden Sie jeweils in einem eigenen Kapitel Tips zur Kultur und Verwendung von Kräutern und Gewürzen für kulinarische und medizinische Zwecke.

# Erstes Kapitel

# Kräuterkultur

*„Alles Grün, das in der freien Natur wuchs,*
*war für unsere Vorfahren ein ausgezeichnetes Kraut."*
Rudyard Kipling

Um immer einen frischen Vorrat an Rohmaterialien für unsere Hausmittel zu haben, lohnt es sich, die Kräuter eigenhändig zu ziehen. Auf diese Weise können Sie sicher sein, daß sie nicht mit Chemikalien behandelt oder unsachgemäß geerntet und gelagert wurden.

Oben: *Wermut,* Artemisia absinthum, *vertreibt Insekten. Im Blumentopf auf dem Balkon oder im Kräutergarten gezogen, beugt sie Schädlingsbefall vor.*

Links: *Der Eigenanbau garantiert immer einen Vorrat an Pflanzen für die Herstellung von Kräuterheilmitteln.*

# ANLAGE EINES KRÄUTERGARTENS

Um den Kräuterbedarf im Haushalt zu decken, reichen eine schmale Rabatte, ein kleines Beet oder Blumentöpfe aus. Wenn Sie ausreichend Platz haben, ist ein weitläufiger Kräutergarten natürlich lohnenswert, dekorativ und praktisch.

### *Erden*

Kräuter sind pflegeleicht und problemlos zu ziehen. Die meisten gedeihen in feiner, wasserdurchlässiger Erde. Da sie Wildpflanzen sind, brauchen sie keine angereicherten, industriell hochveredelten Substrate, die für den erfolgreichen Anbau von Gemüse und Gartenblumen unerläßlich sind.

Viele Nutzkräuter, z. B. Salbei, Thymian, Rosmarin und Lavendel, stammen aus dem Mittelmeerraum und verkümmern in schwerem Boden oder bei Nässestau. Arten wie Beinwell oder Süßdolde, die man in der freien Natur auf Tonerde findet, sind so robust und anpassungsfähig, daß sie überall wachsen.

Selbst Pflanzen, die feuchten Boden bevorzugen, z. B. Angelika, Zitronenmelisse und Baldrian, gedeihen in leichter, allerdings nicht zu trockener Erde. Dasselbe gilt für die meisten Minzesorten: Ihr Wachstum in feinkörniger, sandiger Erde ist gebremst, was von Vorteil sein kann, weil sie zum Wuchern neigen.

*RECHTS: Ein Rahmen aus rechteckigen Beeten und Kieswegen hält das Kräuterwachstum in Schach und erleichert Pflege und Pflücken.*

*Standort*

An einem sonnigen, windgeschützten Platz fühlen sich die meisten Pflanzen wohl. Silberblättrige Kräuter wie Thymian, Lavendel und Rosmarin überstehen einen harschen Winter im Freien nicht, Zitronenkraut und Lorbeer brauchen in den Wintermonaten zusätzlichen Schutz. Aloe vera ist eine Exotin; sie verträgt keinen Frost und muß in kälteren Regionen wie eine Zimmerpflanze behandelt werden.

*Gestaltung*

Symmetrisch angelegte schmale Beete, durch Kies- oder gepflasterte Wege getrennt, begrenzen ausuferndes Wachstum und vereinfachen Pflege und Ernte. Die Beete können mit gestutzten Zwerghecken, Steinen oder einfachen Holzrahmen eingefaßt werden. Bepflanzungen mit nur einer Art je Beet sind dekorativ. Solche Bepflanzungen wurden in den Heilkräutergärten des Mittelalters bevorzugt.

*Rechts: Ein Lorbeerbaum im Topf ist ein Blickfänger in jedem Kräutergarten.*

*Links: Liebstöckel wächst ins Uferlose: er muß unerbittlich zurückgeschnitten werden, damit er seine Nachbarn nicht unterdrückt.*

*Rechts (im Uhrzeigersinn von vorne): Thymian, Majoran und Gartenraute.*

Ein Bauerngarten bietet dagegen viel Raum für eine phantasievolle, kunterbunte Mischbepflanzung und ist pflegeleicht.

Höher gelegte Beete mit Stein- oder Holzeinfassung sind ideal für einen pflegeleichten Kräutergarten mit schwerem Boden, da sie mit der angemessenen Erde über einer grobkörnigen Kiessandschicht aufgefüllt werden können.

*Pflege*

Viele Kräuter sind wuchsfreudig. Sie regelmäßig zu ernten, trägt dazu bei, sie unter Kontrolle zu halten, aber gelegentlich sollten sie kräftig zurückgeschnitten und diejenigen Wurzeln verzogen werden, die ihren Nachbarn zu nahe rücken.

Unkraut jäten ist wichtig, damit kein Kampf um Feuchtigkeit und Nährstoffe entsteht. Eine leichte Mulchschicht aus gutem hausgemachtem Gartenkompost oder Dünger im Frühling oder Herbst tut gut.

Die meisten Kräuter überstehen einen trockenen Sommer unbeschadet; Koriander, Petersilie und Kerbel welken jedoch leicht und brauchen viel Wasser.

# ANZUCHT AUS SAMEN

Kräuter lassen sich leicht und preisgünstig aus Samen ziehen. Die beste Zeit für die Aussaat ist das Frühjahr. Warten Sie jedoch damit, bis Temperaturen und Lichtverhältnisse mitspielen, weil die Pflanzen dann kräftiger sind. Kerbel und Koriander können im Herbst ausgesät werden.

SIE BRAUCHEN:

*Multitopfplatten (oder andere Saatgefäße wie Kisten oder Schalen)*
*Einheitserde Typ O (Nullerde)*
*Einheitserde Typ T (Topferde)*
*Gießkanne*
*Kräutersamen*
*Sieb*
*Abdeckhaube oder Folie*
*Blumentöpfe, 7,5 cm Durchmesser*

**— KEIMTEMPERATUR —**

Die meisten Pflanzen keimen bei 10° bis 13°C. Für Pflanzen aus wärmeren Regionen, einschließlich Basilikum, sind 15°C ideal. Petersilie braucht 18° bis 21°C, und Rosmarin 27° bis 32°C.

**1** Schale mit Nullerde füllen. Eine Multitopfplatte ermöglicht ein dünneres Ausstreuen des Samens und eine bessere Entwicklung der Keimlinge. Angießen, dann zwei oder drei Saatkörner in jedes Fach streuen.

**2** Dünne Schicht Topferde darüber sieben. Saatkörner nie zu tief legen, vor allem kleine wie Petersilie. Wieder leicht angießen und Aussaatschale mit Schildchen/Samentüte markieren (Keimlinge sehen sich alle ähnlich.)

**3** Mit Haube oder Folie abdecken, um die Feuchtigkeit zu halten. Auf die Fensterbank oder ins Treibhaus stellen; mit einem schwarzen Plastiksack zudecken, bis die Keimlinge zu sehen sind.

**4** Wenn die Keimlinge erscheinen, die Abdeckung entfernen und die Schale an einen hellen Platz oder ins Sonnenlicht stellen. Feucht halten, aber Nässestau vermeiden. Sobald die Keimlinge groß genug sind, in frischer Vermehrungserde eintopfen.

**5** Sobald die Pflanzen kräftig wachsen, in größere Behältnisse umtopfen oder im Garten einpflanzen.

RECHTS: *Kräuter für den eigenen Garten zu kultivieren ist einfach und preiswert.*

**— KRÄUTERANZUCHT AUS SAMEN —**

EINJÄHRIGE

Basilikum, Bohnenkraut, Borretsch, Dill, Kapuzinerkresse, Kerbel, Koriander, Ringelblume

ZWEIJÄHRIGE

Angelika, Scharlachsalbei, Petersilie (am besten wie eine einjährige Pflanze behandeln und jedes Frühjahr neu aussäen)

WINTERHARTE

Fenchel, Mutterkraut, Weißdorn (keimt langsam), Ysop (um eine bestimmte Farbe zu erhalten, Stecklinge verwenden), Liebstöckel, Winterbergminze

# Vegetative Vermehrung

Kräuter mit faserigen Wurzeln wie Schnittlauch und Majoran und mit fleischigen, spitz zulaufenden Wurzeln wie Liebstöckel und Beinwell lassen sich am besten durch Teilung vermehren. Schnittlauch muß jedes Jahr geteilt werden, um kräftig zu wachsen.

Sie brauchen
*Harke*
*Schnittlauch*
*Blumentöpfe, 7,5 cm Durchmesser*
*Einheitserde (Vermehrungserde)*
*Garten- oder Haushaltsschere*
Unten: *Schnittlauchblüten*

1 Schnittlauchballen aus der Erde nehmen und mit einer kleinen Forke trennen.

2 Ballen einzeln wieder einpflanzen. Oben leicht beschneiden und angießen.

3 Die neuen Pflanzen werden bald kräftig wachsen und frische Blätter hervorbringen.

**— Kräuter, die Sie durch Teilung von Wurzeln oder Ablegern ziehen können —**
Beinwell, Estragon, Hauslauch, Kamille, Liebstöckel, Majoran, Meerrettich, Minze, Schnittlauch, Seifenkraut

# WURZELTEILUNG

Kräuter mit kriechendem Wurzelgeflecht wie Minze, Estragon, Seifenkraut und Günsel lassen sich durch Wurzelteilung vermehren. Wuchernde Pflanzen wie Minze zieht man am besten in getrennten Behältnisssen, damit sie den Garten nicht vereinnahmen. Minze ist vielseitig verwendbar und es empfiehlt sich, einen ausreichenden Vorrat anzulegen.

SIE BRAUCHEN
*Forke*
*Minze*
*Garten- oder Haushaltsschere*
*Multitopfplatte oder Aussaatschalen*
*Einheitserde (Vermehrungserde)*
*Gießkanne*
*Blumentöpfe, 7,5 cm Durchmesser*

OBEN: *Minze, die im Topf gezogen wird, muß jedes Jahr geteilt und umgetopft werden, da sich sonst die Wurzeln zu sehr ballen.*

1 Minzewurzel aus der Erde heben und an den Seitenknospen in 4 cm lange Stücke schneiden.

2 Schale mit Erde füllen. Wurzelstücke auflegen, leicht andrücken und wieder mit Erde bedecken. Kräftig angießen; drinnen oder ins Freie an einen schattigen Platz stellen. Nicht abdecken, aber ständig feucht halten.

3 Sobald genügend Blätter da sind, erfolgt die Teilung und das Umpflanzen der Sämlinge in größere Behältnisse oder ins Freiland.

# Vermehrung durch Stecklinge

Einige Pflanzen lassen sich am besten durch Stecklinge vermehren, weil sie keinen Samen oder keine Keimlinge haben, die der Mutterpflanze gleichen. Dazu gehören buschige Kräuter wie Eberraute, Thymian, Rosmarin und Lavendel.

Sie brauchen
*Pflanzen*
*scharfes Messer oder Gartenschere*
*Blumentöpfe, 15 cm Durchmesser*
*Pikiererde (Einheitserde Typ P)*
*Hormon-Wurzelpuder*
*Setzholz oder Pikierstab*
*Abdeckhaube oder Folie*

### — Vermehrung von Salbei —

Viele Arten von Salbei werden am besten durch Stecklinge vermehrt. Aber die einzelnen Arten variieren. Ananassalbei wurzelt gut mit kleinen Stecklingen außerhalb der wachsenden Phase. Scharlach- und Goldsalbei vermehren sich besser durch Ableger. Einfach ein Außenzweiglein in die Erde stecken und warten, bis sich die Wurzeln gebildet haben (nach mehreren Monaten). Vergessen Sie nicht, bei Trockenheit die Ableger gut zu wässern. Salbei wächst am besten in trockener, gut drainierter Erde.

**1** Haupt- oder Seitentrieb aussuchen (hier Eberraute). Knapp unter dem Blattsansatz in Stücke schneiden. Blätter bis auf die obersten zwei oder drei entfernen.

**2** Topf mit Erde füllen; leicht aufklopfen, um Luftblasen zu entfernen. Pikierstab in Wurzelpuder tauchen, dann am Topfrand entlang in die Erde drücken. Mit Haube oder Folie abdecken und ins direkte Sonnenlicht stellen, bis sich Wurzeln bilden.

**3** Wenn Wurzeln und Stecklinge kräftig gewachsen sind, ins Freiland oder in größere Behältnisse umpflanzen. Eberraute beginnt nach vier bis fünf Jahren zu wuchern, aber Stecklinge wurzeln problemlos ein.

### — Kräuter, die Sie aus Stecklingen ziehen können —

Ananassalbei, Eberraute, Heiligenkraut, Holunder, Lavendel, Lorbeer, Nelke, Pelargonie, Rosmarin, Thymian, Wermut, Ysop

# Vermehrung durch Ableger

Einige Pflanzen, z. B. Kamille und Hauslauch, werden durch Ableger vermehrt. Sie stocken Ihren Vorrat im Handumdrehen auf, indem Sie die Ableger eintopfen.

Sie brauchen

*Forke*
*Pflanzen*
*Gartenschere*
*Blumentöpfe, 7,5 cm Durchmesser*
*grobkörnige Komposterde*
*grobkörniger Sand oder Kies (Perlit)*
*Gießkanne*

1 Kamillepflanze aus der Erde heben und Ableger abschneiden.

2 Ableger eintopfen. Angießen und an einen schattigen Platz stellen, bis sich Wurzeln bilden.

3 Aus dem Ableger werden innerhalb von zwei bis drei Wochen buschige Pflanzen. Dann in größere Behältnisse umtopfen.

Rechts: *Hauslauch* (Sempervivum tectorum) *ist eine nützliche Pflanze bei Hautreizungen.*

# ANZUCHT IN PFLANZGEFÄSSEN

Die meisten Kräuter lassen sich gut in Pflanzgefäßen ziehen. Lorbeer, Salbei, Thymian und Zitronenmelisse können sogar mehrere Jahre im selben Gefäß bleiben. Andere, wie die Minze, müssen jedes Jahr geteilt werden, weil sich ihre Wurzeln verheddern. Einjährige werden in jedem Frühjahr neu eingepflanzt.

### *Größe des Behältnisses*

Wenn Sie verschiedene Kräuterarten in einem Behältnis ziehen, sollte dieses groß genug sein, damit sich die Wurzeln ausbreiten können. Eine dichte Mischbepflanzung muß jedes Jahr erneuert werden. Eine einzelne Sorte kann länger im selben Behältnis bleiben, wenn es groß genug ist. So erhalten Sie ein dichtes Blätterwachstum.

### *Dränage*

Eine gute Dränage ist der Schlüssel zum Erfolg. Achten Sie darauf, daß die Pflanzbehältnisse ein Loch im Boden haben, damit das Wasser ablaufen kann. Zuerst eine Schicht Scherben (zerbrochene Tontöpfe) hineingeben, dann mit einer Sand- oder Kiesschicht und zum Schluß mit Komposterde (Blumen- oder Mischerde) bedecken.

### *Komposterden*

Wichtig ist die richtige Kompostmischung im Pflanzbehältnis. Torfkultursubstrate, Komposterde oder Einheitserde Typ T sind vor allem für Topfkulturen geeignet. Letztere enthält Torf, Ton und Kalk. Nehmen Sie keine Erde aus dem Garten: Sie enthält nicht genug Nährstoffe und kann Unkraut, Schädlinge und Krankheitskeime enthalten.

Anzuchterde kann man auch selber aus einem Drittel Sand (Kies oder Flußsand), Erde (Komposterde oder Humus) und Torf (Düngetorf) zusammenmischen.

Zusatzstoffe wie Perlit oder Hydrokultursteinchen lockern die Erde und verbessern die Dränage. Das ist besonders wichtig bei buschigen Kräutern und Duftpelargonien.

LINKS (IM UHRZEIGERSINN VON VORNE): *Eau de Cologne Minze (ideal als belebender Badezusatz), Grüne Minze (für die Küche), Pfefferminze, Eau de Cologne Minze, vielfarbige Apfelminze (als Badezusatz und für Duftpotpourris).* (MITTE): *Marokkanische Minze (für Tee).*

### Düngen

Alle Einheitserden enthalten Nährstoffe in unterschiedlicher Menge. Für Pflanzen, die in Behältnissen gezogen werden, sollten Sie Topferde verwenden. Alle vier Wochen muß zusätzlich gedüngt werden, während der Wachstumszeit jede Woche. Organischer Pflanzendünger aus Meeresalgenextrakt ist im Freiland ideal; für Topfpflanzen können Sie auch Langzeit- oder Depotdünger (z. B. Düngestäbchen) verwenden.

### Gießen

Topfpflanzen müssen während der Wachstumszeit regelmäßig gegossen werden. Im allgemeinen ist es besser, sie gut antrocknen zu lassen und dann kräftig zu gießen, statt häufig und sparsam. Einige Küchenkräuter, vor allem Basilikum und Koriander, lieben es ständig feucht. Wasserspeicherndes Substrat, vor dem Einpflanzen unter die Komposterde gemischt, verringert den Wasserbedarf. Im Winter sollten die winterharten Kräuter im Behältnis ein Minimum an Wasser erhalten.

*RECHTS: Zitronenkraut (LINKS) und Tricolor-Salbei (RECHTS) können mehrere Jahre im selben Gefäß bleiben, während eine Mischbepflanzung kurzlebiger ist, wie diese farbenprächtige Kapuzinerkresse (VORNE), die nur eine Saison überdauert.*

# KRÄUTER ERNTEN UND LAGERN

Frische Kräuter lassen sich während der Wachstumsperiode jederzeit ernten. Es ist natürlich sinnvoll, bei Jungpflanzen damit zu warten, bis sie sich entwickelt haben. Immergrüne Sorten können auch im Winter gepflückt werden, aber sparsam, weil sie sonst weder neue Triebe bilden noch die gleiche Heilwirkung wie im Sommer haben, da in der Zeit der Gehalt an ätherischen Ölen am höchsten ist. Kräuter, die am Ende der Wachstumsperiode welken oder absterben, sollten Sie dann ernten, wenn sie am besten sind; danach können sie getrocknet und zur späteren Verwendung gelagert werden.

### *Pflücken*

Blüten sollten zum Trocknen gepflückt werden, wenn sie ihre volle Blühkraft entfaltet haben, just bevor sie zu welken beginnen.

UNTEN: *Liebstöckelblätter behalten ihre Farbe, wenn sie auf Papier ausgebreitet und an einem warmen, luftigen Ort getrocknet werden.*

Kräuter, deren Blätter man verwendet, erntet man vor der Blüte. Wenn man die Knospen wegschneidet, bevor sie aufgehen, verlängert sich die Wachstumszeit der Blätter. Buschige Kräuter und blütenlose Sorten lassen sich jederzeit während der Wachstumsperiode pflücken.

Kräuter und Blüten sollten zum Trocknen immer an trockenen Tagen geschnitten werden. Die beste Zeit ist frühmorgens, sobald der Tau verschwunden ist und bevor die Sonne zuviel ätherische Öle freigesetzt hat.

### *Trocknen*

Das Geheimnis beim Trocknen von Kräutern besteht darin, ihnen die Flüssigkeit, aber nicht das ätherische Öl zu entziehen. Das A und O ist dabei die richtige Temperatur. Heizkeller, Speisekammer oder ein Schuppen im Garten

LINKS: *Ringelblumenblüten werden zum Trocknen gepflückt, bevor sie zu welken beginnen. Pflanzen, die getrocknet werden, sollten immer ihre volle Blühkraft entfaltet haben.*

UNTEN: *Lavendelbündel beim Trocknen.*

*OBEN: Trocknendes Kräuterbündel. (VON LINKS) Scharlachroter Salbei, Rosmarin und Heiligenkraut.*

*UNTEN: Getrockneter Liebstöckel läßt sich gut für kulinarische Zwecke lagern.*

sind ideal. Wichtig ist, daß der Raum warm, gut belüftet und vor allem trocken ist. Kräuter oder Blüten sollten nach Möglichkeit nicht in der prallen Sonne getrocknet werden.

Blättrige Kräuter werden gebündelt aufgehängt oder in übereinandergestapelten Obstkisten ausgebreitet. Ein guter Tip: Lavendelstiele zum Trocknen bündeln und kopfunter in Papiertüten aufhängen, um Staub auszuschließen und Nadeln aufzufangen. Blüten werden am besten auf Küchenkrepp oder Zeitung ausgebreitet, mit oder ohne Blütenblättern. Kräuter und Blüten bleiben solange darauf liegen, bis sich das Papier trocken anfühlt. Das kann bis zu eine Woche dauern.

### Lagern

Blättrige Kräuter von den Stielen rubbeln, sobald sie trocken sind. Das geht leichter, wenn Sie dabei dünne Baumwollhandschuhe überziehen.

Getrocknete Kräuter verlieren schnell an Qualität, wenn sie Licht und Luft ausgesetzt sind. Sie sollten an einem kühlen dunklen Ort in einem dunklen Glas mit Schraubverschluß oder einem Steingutbehältnis gelagert werden.

Zellophantüten eignen sich nur für die kurzfristige Aufbewahrung, benutzen Sie zum Lagern keine Plastiktüten oder -gefäße, da die getrockneten Kräuter dem Material Restfeuchtigkeit entziehen. Das Behältnis sollte immer verschließbar sein, weil sie sonst die Luftfeuchtigkeit aufnehmen.

*UNTEN: Ringelblumen, zur Sommerszeit in voller Blüte getrocknet, lassen sich für Salben und Cremes verwenden.*

# Der Kräutergarten auf der Fensterbank

Kräuter sollte man nur vorübergehend ins Haus stellen, um sie beim Kochen gleich zur Hand zu haben. Sie brauchen viel Licht und Luft und fühlen sich im Freien wohler. Die Kräuter werden am besten in einzelnen Töpfen mit rund 17 cm Durchmesser gezogen und dann in ein größeres Behältnis gestellt. Eine Kiesschicht zuunterst sorgt für die nötige Kühle und Feuchtigkeit. Die Pflanzen gedeihen besser in Gruppen, weil sie nicht so leicht austrocknen, wenn sie dicht an dicht stehen.

Sie brauchen

*Blumenkasten oder anderes großes Behältnis*
*Bohrer, falls nötig*
*Kies oder Granulat*
*Pflanzkelle*
*Gießkanne*
*Kräuter in Töpfen*
*Tablett zum Abtropfen*

Pflanzen

Frühling und Sommer: *Basilikum, Dill, Estragon, Kerbel, Koriander, Minze, Petersilie, Schnittlauch*
Herbst und Winter: *Lorbeer, Majoran, Rosmarin, Salbei, Thymian, Winterbergminze*

1 Auf Abzuglöcher im Behältnisboden achten oder hineinbohren. Soviel Kies oder Granulat einfüllen, daß sich die Oberkanten der Blumentöpfe direkt unter dem Behältnisrand befinden.

2 Töpfe gut durchfeuchten, dann auf die Kiesschicht stellen.

3 Wenn alle Töpfe untergebracht sind, oben rundum mit Kies bedecken. Sie können bequem ausgetauscht werden: einfach den alten herausheben und den neuen an seiner Stelle hineinsetzen.

Rechts: *Küchenkräuter im Zimmer regelmäßig gegen ein zweites, im Freien stehendes Set austauschen, dann wachsen sie besser.*

Rechte Seite (von links nach rechts): *Schnittlauch, flachblättrige Petersilie, Minze, Estragon, grünes und purpurfarbenes Basilikum.*

ANNO 1769

# THYMIAN – EIN JUNGBRUNNEN

Die antiseptischen Eigenschaften machen den Thymian zum idealen Mittel bei Halsschmerzen, Husten und Erkältungen. Das ätherische Öl enthält Antioxidantien, die den Alterungsprozeß erwiesenermaßen verlangsamen.

Thymian läßt sich problemlos in Töpfen ziehen, so daß Sie immer einen ausreichenden Vorrat haben. In einem Terrakottagefäß mit Löchern an den Seiten (sogenannte Erbeertonnen) ist er nicht nur gut aufgehoben, sondern auch ein Schmuckstück für Balkon und Garten.

SIE BRAUCHEN

*Depotdünger*
*Wasserspeicherndes Granulat (Hydroperl)*
*Einheitserde (Null- oder Anzuchtserde)*
*Einheitserde (Torf-Ton-Substrat)*
*Pflanzkelle*
*Terrakottatopf mit Pflanztaschen (Erdbeertonne)*
*Tonscherben*
*Gießkanne*
*flaches Behältnis*

PFLANZEN

*MEDIZINISCHE VERWENDUNG: Gemeiner Thymian* (Thymus vulgaris), *Wilder oder kriechender Thymian* (T. serpyllum, T. serpyllum *var.* albus, T. serpyllum)
*KULINARISCHE VERWENDUNG: Zitronenthymian* (T. x citriodorus), *Goldthymian* (T. x citriodorus)

**1** Dünger und Granulat nach Anleitung des Herstellers mischen; Erden zu gleichen Teilen beigeben.

**2** Behältnis (mit großen Taschen wählen, damit die Pflanzen nicht zerdrückt werden) zuunterst mit einer Tonscherbenschicht, dann bis zum ersten Loch mit der vorbereiteten Erde füllen. Thymianpflanze aus dem Topf nehmen und wie abgebildet durch das Loch schieben.

**3** Wurzeln mit Erde bedecken und jedesmal andrücken, bevor Sie die nächste Schicht zufügen. Alle Taschen mit Pflanzen ausfüllen, dann zuoberst eine oder mehrere buschige setzen und gut durchfeuchten.

—*PFLEGE*—

Regelmäßig von unten und oben wässern; die Erde sollte nicht austrocknen. Die Bepflanzung kann an einem geschützten Platz überwintern. Im Frühling zurückschneiden und Flüssigdünger beigeben.

*RECHTE SEITE: OBEN:* T. vulgaris *(weiße Blüten),* „Silver Posie“ *(bunt) und* T. serpyllum *(malbenfarbige Blüten);* T. vulgaris *in der linken, „Archer's Gold“ in der rechten Tasche.*

# EINE DUFTAMPEL ZUR ENTSPANNUNG

Eine Erholungspause an einem lauschigen Plätzchen, inmitten von aromatischen Kräutern und Blumen, ist Balsam für die Seele. Ampeln sind ideal, weil sich der Duft in Nasenhöhe befindet. Im Rosengarten neben einer Sitzgruppe und einem Kübel mit Zitronenkraut oder Lavendel aufgehängt, entsteht ein duftender Kokon, in dem Sie sich entspannen können.

SIE BRAUCHEN

*Drahtkorb (Hängekorb), 35 cm Durchmesser*
*Pflanzkelle*
*Eimer*
*Pflanzenvlies oder Moos*
*Einheitserde Typ T (Topferde)*
*Gießkanne*

PFLANZEN

*Günsel* (Ajuga reptans *„Atropurpurea“*, A. reptans *„Tricolor“*)
*Kriechende Poleiminze* (Mentha pulegium),
*Kriechender Thymian* (T. serpyllum)
*Hängenelken, „Cheddar“* (Dianthus gratianopolitanus)
*Hängenelken „Maiden“* (Dianthus deltoides)
*Duftpelargonie*

**—PFLEGE—**
Ampelpflanzen müssen jeden Tag gegossen werden, an heißen trockenen Tagen zweimal.

**1** Drahtkorb auf den Eimer stellen, damit er während der Arbeit nicht umkippt. Mit Vlies oder Moos auslegen.

**2** Zur Hälfte mit Erde füllen, dann die erste Pflanze (hier Günsel, *Ajuga reptans*, „Atropurpurea“) vorsichtig an der Seite durchschieben. Mit Poleiminze, Thymian und kleinen Nelken bepflanzen, dabei nach und nach mit Erde auffüllen. Werden die Pflanzlücken eng, die Blätter vor dem Durchschieben in einen Kegel aus Zeitungspapier wickeln.

**3** Duftpelargonie *(P. „Sweet Mimosa“)* oben in die Mitte setzen; rundum mit Erde auffüllen.

**4** Am Schluß drei *Verbenen „Sissinghurst“* rund um den Korbrand pflanzen und andrücken. Gut durchfeuchten und im Gewächshaus oder an einem geschützten Platz zwei bis drei Tage setzen lassen. Den Korb an seiner endgültigen Position aufhängen, wenn kein Frost mehr droht.

RECHTE SEITE: *Ein Ampel verströmt ihren Duft in Kopfhöhe.*

# KRÄUTERKASTEN – BEI GRIPPE UND ERKÄLTUNGEN

Eine Kräutersammmlung für Tees und andere Hausmittel gegen Grippe und Erkältungen ist immer nützlich. Die meisten Kräuter, einschließlich Thymian, Salbei, Weißdorn und Ysop (in geringerem Maß) behalten ihre Blätter und können auch im Winter in kleinen Mengen geerntet werden. Die Heilkraft läßt in der Winterperiode gleichwohl nach; deshalb sollten sie auf der Höhe ihrer Blühkraft geerntet und für die spätere Verwendung getrocknet werden.

SIE BRAUCHEN

*Pflanztrog oder Blumenkasten*
*Tonscherben*
*Kies oder Substrat (Hydroperl)*
*Einheitserde Typ P(Topferde)*
*Gießkanne*

PFLANZEN

*Schwarze Pfefferminze* (Mentha piperita)
*Ysop* (Hyssopus officinalis)
*Weißdorn* (Marrubium vulgare)
*Salbei* (Salvia officinalis)
*Scharlachroter Salbei* (S. officinalis purpurea)
*Goldsalbei* (S. officinalis *„Icterina“*)
*Thymian* (Thymus vulgaris, T. *x* citriodorus)

**— PFLEGE —**

Nicht austrocknen lassen. Während der Wachstumsperiode alle zwei bis drei Wochen Flüssigdünger benutzen. Jedes Jahr neu pflanzen und frische Erde verwenden.

1 Prüfen, ob die Abzugslöcher im Boden des Gefäßes frei sind. Eine Schicht Scherben, dann Kies/Substrat hineingeben und mit Erde auffüllen. Ausreichend Platz für die Pflanzen lassen.

2 Position der Pflanzen im Behältnis bestimmen; dann vorsichtig aus dem Topf herausklopfen, einsetzen und zusätzliche Erde ringsum andrücken. Die höchsten Pflanzen (Weißdorn, Ysop, Salbei und Pfefferminze) hinten und die Thymiansorten vorne plazieren.

3 Wenn nötig, Oberfläche mit Erde glätten und Pflanzen kräftig durchfeuchten. Am besten jedes Jahr eine neue Kräutermischung ziehen, damit sie nicht auswuchert.

RECHTE SEITE: *Kräuter in Trögen und Kästen, die zusätzlich im Garten aufgestellt werden, liefern ausreichenden Vorrat und sind eine Augenweide.*
UNTEN (IM UHRZEIGERSINN VON VORNE): *„Peter Davis“, „Silver Posie“, Goldthymian, Weißdorn, Ysop und Schwarze Pfefferminze.*

# Ein Trog gegen Kopfweh

Viele Kräuter, frisch oder getrocknet für Tees und Kompressen verwendet, wirken wahre Wunder bei Kopfschmerzen. Mutterkraut lindert Migräneanfälle. Ein Vollkornbrot-Sandwich, mit zwei oder drei Blättern garniert, kaschiert bitteren Geschmack.

Ein halbhoher Trog bietet den Pflanzen genug Platz zum Wachsen. Gefüllt ist er so schwer, daß er sich kaum von der Stelle bewegen läßt. Deshalb sollten Sie den Standort vorab sorgfältig wählen.

Sie brauchen

*Trog, halbhoch*
*Ziegelsteine*
*Müllsack (reißfestes Material)*
*Tacker*
*Hammer*
*Messer*
*Tonscherben*
*Substrat (Hydroperl)*
*Einheitserde Typ 0 (Nullerde)*
*Einheitserde Typ P (Topferde)*
*Grober Sand*
*Gießkanne*

Pflanzen

*Johanniskraut* (Hypericum perforatum)
*Lavendel* (Lavandula *„Hidcote“*, L. stoechas)
*Majoran* (Origanum vulgare *„Variegatum“*)
*Mutterkraut* (Tanacetum parthenium)
*Rosmarin* (Rosmarinus officinalis), *hängende und aufrechte Sorte*

**1** Trog auf Ziegel stellen, damit er über dem Boden steht. Mit Müllsack auskleiden, ringsum antackern. Abzugslöcher in den Boden bohren. Tonscherben, dann Substratschicht einfüllen. Bottich zu einem Drittel mit Nullerde-Sand-Gemisch füllen.

**2** Bis knapp unter dem Rand mit Topferde füllen. Position der Kräutertöpfe im Trog bestimmen. Sie können eng nebeneinander stehen, brauchen aber genug Platz zum Wachsen. Kräutertöpfe hineinsetzen und gut durchfeuchten.

Links: *Johanniskraut* (Hypericum perforatum).

Rechte Seite: *Die Pflanzen können mehrere Jahre im selben Bottich bleiben. Kräftig zurückschneiden, die obere Erdschicht jedes Jahr ersetzen und in den Sommermonaten regelmäßig düngen.*

**— Vorsicht —**

Mutterkrautblätter nicht über einen längeren Zeitraum essen; sie können Magengeschwüre verursachen. Bei heftigen oder häufigen Kopfschmerzen vorher den Arzt konsultieren.

# Ein Teegarten im Topf

Pflanzen, die häufig für Kräutertees und zum Trocknen verwendet werden, sollten separat in Behältnissen von mindestens 23 cm Durchmesser gezogen werden, um das Wachstum nicht zu hemmen. Größere Pflanzen brauchen ein Behältnis von mindestens 30 cm Durchmesser.

Zitronenkraut und Bergamotte können im Topf gekauft und in ein größeres Gefäß umgetopft werden. Pfefferminze und Kamille lassen sich aus Stecklingen, Dill, Borretsch und Kümmel aus Samen ziehen. Rosmarin, Salbei und Thymian runden die Kräutersammlung ab. Sie erleichtern sich den Zugang, wenn Sie die Töpfe in Gruppen nebeneinander stellen, denn dank der engen Nachbarschaft gedeihen die Pflanzen besser.

Pflanzen

*Bergamotte* (Monarda didyma)
*Borretsch* (Borago officinalis)
*Dill* (Anethum graveolens)
*Kamille* (Chamaemelum nobile)
*Kümmel* (Carum carvi)
*Pfefferminze* (Mentha x piperita)
*Zitronenkraut* (Aloysia triphylla)

*Oben: Aus Kümmelsamen läßt sich ein Verdauungstee zubereiten.*

*Links: Rohmaterialien für Kräutertees auf engstem Raum.*

**— Pflege —**

Pfefferminze sollte jedes Jahr umgetopft werden. Kamille-Ableger (Seitentriebe) einpflanzen, sobald das Blattwerk zu dicht wird. Dill und Borretsch sind einjährig und müssen jedes Jahr neu angepflanzt werden; Kümmel ist eine zweijährige Pflanze. Zitronenkraut kann mehrere Jahre im selben Topf bleiben.

# KRÄUTERSAMMLUNG GEGEN INSEKTEN

Viele Kräuter wehren Insekten ab. Sie lassen sich getrocknet in Duftkissen füllen und im Kleider- oder Wäscheschrank aufhängen oder in kosmetischen/medizinischen Präparaten und Lotionen verarbeiten. Im Garten angepflanzt beugen sie Schädlingsbefall vor: Schnittlauch und Knoblauch sind auf dem Gebiet besonders wirksam. Legen Sie eine Kräutersammlung in einzelnen Blumentöpfen an, oder setzen Sie zwei bis drei verschiedene Kräuter in ein großes Behältnis.

OBEN: *Kräuter gegen Insekten*

UNTEN: *Poleiminze ist bei Ameisen unbeliebt – stellen Sie einen Topf davon auf den Balkon.*

Poleiminze ist bei Ameisen unbeliebt. Eberraute, Heiligenkraut, Gartenraute und Ysop lassen sich für Duftkissen trocknen, und aus Wermut können Sie eine wirksame Lotion gegen Mücken herstellen.

PFLANZEN

*Gartenraute* (Ruta graveolens *„Jackman's Blue"*)
*Heiligenkraut* (Santolina pinnata, *„Edward Bowles"* Santolina virens)
*Poleiminze* (Mentha pulegium) *kriechende und aufrechte Sorte*
*Wermut* (Artemisia absinthum)
*Ysop* (Hyssopus officinalis)

— *PFLEGE* —

Zurückschneiden und umtopfen, wenn die Pflanzen über ihr Behältnis hinauswachsen. Poleiminze ist winterhart, aber die meisten silberblättrigen Kräuter müssen geschützt überwintern.

— *VORSICHT* —

Gartenraute kann Hautreizungen und Blasen verursachen. Die Pflanze sollte nur mit Handschuhen angefaßt werden.

# STEINKÜBEL FÜR SALBEN UND CREMES

Steinkübel und Tonschalen sind gute Behältnisse für Heilpflanzen, die in Salben und Cremes gegen Insektenstiche und Prellungen verwendet werden. Der einjährige hohe Beinwell *(Symphytum officinale)* sollte im eigenen Topf gezogen werden. Er ist besser für die Herstellung von Hausmitteln geeignet als die Zwergform, die hier nur zur Dekoration gepflanzt wurde.

SIE BRAUCHEN

*Steinkübel*
*Tonscherben*
*Substrat (Hydroperl)*
*Einheitserde Typ T (Topf- oder Mischerde)*
*Einheitserde Typ 0 (Nullerde)*
*Gartenkelle*
*Gießkanne*

PFLANZEN

Aloe vera
*Beinwell* (Symphytum officinale *und bunte Zwergsorte)*
*Hauslauch* (Sempervivum tectorum)
*Ringelblume* (Calendula officinalis)
*Schafgarbe* (Achillea millefolium)

**— PFLEGE —**
Nicht zuviel gießen; die Erde sollte fast trocken sein. Schafgarbe hat ein kriechendes Wurzelgeflecht, das durch Ausdünnen in Schach gehalten wird.

**1** Behältnis vor dem Bepflanzen an seine endgültige Position stellen und prüfen, ob ein großes Abzugsloch vorhanden ist. Zuerst Tonscherben, danach Granulatschicht einfüllen.

**2** Behältnis zu Zweidritteln mit Topferde, vermischt mit einer kleinen Menge Nullerde, füllen. Aloe Vera im Topf einsetzen, damit die Pflanze vor dem ersten Frost problemlos herausgehoben werden und im Haus überwintern kann. Schafgarbe in die Nähe der Mitte setzen.

**3** Hauslauch und Beinwell außen herum positionieren, wenn nötig mit zusätzlicher Erde auffüllen. Kräftig angießen.

OBEN: *Ringelblumen.*

RECHTE SEITE: *Die Blätter der* Aloe vera *enthalten ein Gel, das die Haut beruhigt. Sie verträgt keinen Frost und kann in kühlen Klimazonen nur im Sommer draußen stehen. Ringelblumen und Beinwell werden am besten in separaten Behältnissen gezogen.*

# KRÄUTER FÜR GESUNDE HAARE

Die Herstellung einer Haarspülung aus frischen Kräutern ist ein Kinderspiel. Rosmarin gilt als klassisches Kraut für dunkles Haar, eignet sich aber durch den hohen Gehalt an ätherischem Öl auch für trockenes Haar jeder Farbe. Kamille bringt Glanz in blondes Haar, Salbei und Eberraute wirken gegen Schuppen und trockene Kopfhaut, und Lavendel verleiht jeder Spülung seinen unverkennbaren Duft.

SIE BRAUCHEN

*Großes Pflanzbehältnis*
*Tonscherben*
*Einheitserde Typ T*
*Substrat (Hydroperl)*
*Gartenkelle*
*Gießkanne*

PFLANZEN

*Eberraute* (Artemisia abrotanum)
*Goldsalbei* (S. officinalis *„Icterina“*)
*Kamille, gefüllte* (Chamaemelum nobile)
*Lavendel* (Lavendula *„Hidcote“*, L. *„Munstead“*, L. stoechas)
*Rosmarin* (Rosmarinus officinalis)
*Salbei* (Salvia officinalis)
*Scharlachroter Salbei* (S. officinalis purpurea)

RECHTE SEITE: *Spülungen aus frischen Kräutern verleihen dem Haar Glanz und Gesundheit. In einem dekorativen Topf gezogen, setzen sie im Garten interessante Akzente.*

**1** Abzugsloch mit Tonscherbenschicht verschließen. Bis knapp unter den Rand mit Erde füllen. Leicht andrücken.

**2** Jedes Kraut aus dem Topf herausklopfen, mit der Kelle ein Loch in der Erde ausheben und die Pflanze hineindrücken.

**3** Behältnis am Schluß, falls nötig, rundum mit Erde auffüllen und gründlich durchfeuchten. Regelmäßig gießen und düngen; jedes Jahr umtopfen.

# Ein Duftstrauss, der die Sinne betört

Früher glaubte man, daß Düfte Krankheiten abwehren. Deshalb trugen viele, die in der Stadt lebten, ein Kräutersträußchen bei sich, wenn sie auf die Straße gingen, um sich gegen schlechte Gerüche und Infektionen zu wappnen. Richter rüsteten sich ebenfalls mit einem Duftstrauß gegen die Ansteckungsgefahr aus, denn viele Gefangene, die vor Gericht erschienen, litten an Flecktyphus. Die ersten Duftsträuße, die sich mindestens auf das Jahr 1440 zurückdatieren lassen, bestanden aus aromatischen, mit Wollfaden zusammengebundenen Kräutern. Duftsträuße sind ein wunderbares Geschenk, zum Beispiel bei Krankenbesuchen.

Sie brauchen
*Garten- oder Küchenschere*
*Blumendraht, dünn*
*Bast oder bunte Wolle*

*Pflanzen*
*Eberraute* (Artemisia abrotanum)
*Heiligenkraut* (Santolina chamaecyparissus)
*Rose, „Rosa mundi“*
*Rosmarin* (Rosmarinus officinalis)
*Salbei* (Salvia officinalis)
*Scharlachroter Salbei* (S. officinalis purpurea)
*Thymian* (Thymus vulgaris)

— *Tip* —
Sie können auch Duftpelargonien, Lavendel, Lorbeer, Majoran, Minze oder Zitronenkraut verwenden.

1 Pflanzen nebeneinander legen; untere Blätter entfernen und Stiele auf gleiche Länge kürzen. Die Vorbereitungen vereinfachen das Binden.

2 Mit der Rose in der Mitte beginnen; ringsum blühenden Thymian anordnen, mit Blumendraht am oberen Ende des Stiels umwickeln. Jede Kräuterschicht etwas tiefer als die vorige anordnen, damit die Blüte in der Mitte nicht verdeckt wird.

3 Schichten aufbauen: Heiligenkraut, Salbeiblüten, Eberraute, Scharlachroter Salbei und Rosmarin in Kreisen binden. Auf symmetrische Gestaltung achten, und jede Schicht mit Blumendraht binden.

4 Stiele auf gleiche Länge kürzen; Sträußchen zum Schluß mit Bast oder bunter Wolle umwickeln.

*Rechte Seite:* *Ein traditioneller Duftstrauß aus aromatischen frischen Kräutern ist ein beliebtes Mitbringsel.*

Zweites Kapitel

# Heilkräuter zur Stärkung von Leib und Seele

*„Unsere Nahrung sollte Arznei sein – und unsere Arznei Nahrung."*
Hippokrates

In diesem Kapitel steht der therapeutische Nutzen von Kräutern im Mittelpunkt. Sie finden Rezepturen für Tees, Essig, Tinkturen, Stärkungs- und andere bewährte Hausmittel. Damit die kulinarische Seite nicht zu kurz kommt, wurden Rezepte für eine Brennesselsuppe und verschiedene Salate eingefügt, deren Bedeutung ebenfalls in den spezifischen Eigenschaften und Wirkstoffen der Kräuter liegt.

Oben: *Rosmarin wirkt belebend als Tee und verleiht Öl, Essig und getrockneten Kräuterwürzmischungen ein kräftiges Aroma.*

Links: *Thymian und Salbei, bekannte Küchenkräuter, haben antibakterielle Eigenschaften. Petersilie ist reich an Vitaminen und Mineralstoffen.*

# KRÄUTER UND GEWÜRZE ZUR ERNÄHRUNG

Zwischen Ernährung und Gesundheit besteht ein wichtiger Zusammenhang, und Kräuter und Gewürze spielen dabei eine Schlüsselrolle. Viele haben eine unmittelbare medizinische Wirkung. Knoblauch schützt vor Erkältungen und Grippe, senkt den Cholesterinspiegel und beugt Herzerkrankungen vor. Cayennepfeffer bekämpft mit seinen antibakteriellen Wirkstoffen Infektionen. Thymian hat nicht nur eine antiseptische Wirkung, sondern auch einen hohen Gehalt an Antioxidantien, die den Alterungsprozeß verzögern. Ingwer mindert Übelkeit und fördert die Absorption von Nährstoffen.

Bestimmte Nahrungsmittel stärken nachweislich das Immunsystem. Frisches Obst, Gemüse, Vollwertprodukte und pflanzliche Fette in ausreichender Menge sind für eine gesunde Kost unerläßlich. Sie enthalten Antioxidantien in Form von Vitaminen und Mineralstoffen, die beste Abwehr gegen die freien Radikalen, die im Zuge des Stoffwech-

*RECHTS: Gehackte Kräuter geben salz- und fettarmen Gerichten die richtige Würze.*

*UNTEN: Bouquet garni aus frischen Kräutern, gesund und aromatisch.*

**VITAMIN- UND MINERALSTOFFGEHALT KULINARISCHER KRÄUTER**

BORRETSCH: Vitamin C, Kalzium, Kalium.
BRENNESSELN: Vitamine A, C, Kalzium, Eisen.
BRUNNENKRESSE: Vitamine A, B2, C, Kalzium.
CHICOREE: Kalium, Vitamine der B-Gruppe.
HOLUNDERBEEREN: Vitamine A, C.
KNOBLAUCH: Vitamin C, Kalium, Selen.
LÖWENZAHN: Vitamin A, Kalzium, Kalium, Eisen.
PETERSILIE: Vitamine A, C, Kalzium, Kupfer, Eisen, Kalium.

*OBEN: Kräuter und Gewürze fördern die Verdauung.*

sels als Folge von Streß, Umweltverschmutzung und Alterungsprozessen entstehen und Krankheiten verursachen können.

Kräuter leisten einen wertvollen Beitrag zur Ernährung. Sie enthalten Antioxidantien, Vitamine, Mineralstoffe und Spurenelemente. Sie können als Beigabe in geringer Menge oder als Hauptbestandteil von Gerichten wie Brennesselsuppe oder Löwenzahnsalat dienen. Wenn Sie jeden Tag frische Kräuter verwenden, akkumuliert sich die gesundheitsförderliche Wirkung.

Kräuter und Gewürze regen außerdem den Appetit und die Verdauung an, besonders Fenchel, Dill und Pfefferminze.

Kräuter verleihen allen Gerichten, insbesondere jedoch einer salz- und fettarmen Kost, die richtige Würze. Auf den folgenden Seiten finden Sie zahlreiche Tips, um Gerichte mit Kräutern der Saison zu veredeln.

Vergessen Sie nicht das Wichtigste: Essen sollte ein Vergnügen sein. Allein dadurch trägt es zum allgemeinen Wohlbefinden von Körper und Seele bei.

# KRÄUTERÖLE

Pflanzenöle sind gesünder für die Ernährung als Butter und andere mehrfach gesättigte tierische Fette. Mit Kräutern aromatisiert, verleihen sie dem Kochen eine neue Dimension. Sie sind auch Bestandteil vieler Arzneien und Naturkosmetikprodukte, weil sie die Heilwirkung der darin enthaltenen Kräuter bewahren. Als Basisöl eignet sich schwach aromatisiertes Öl, z. B. Sonnenblumen-, Färberdistel- oder ein leichtes Olivenöl. Achten Sie auf gute Qualität. Alle Öle sollten in Maßen verwendet werden. Sie versorgen den Körper mit essentiellen Fettsäuren und fördern die Aufnahme von Vitamin A, D und E.

### *Basisöl*

In Indien beheimatet und im Mittelmeerraum angebaut, ist Basilikum ein Kraut, das die Stimmung hebt und von Herbalisten gegen Depressionen empfohlen wird. Aus Basilikum läßt sich ein vorzügliches Öl für Pasta, Pizza und Salatdressings herstellen.

ZUTATEN

*25 g frische Basilikumblätter*
*300 ml Pflanzenöl*

— *TIP* —

Die frischen Kräuter nie im fertigen Öl lassen, da die Blätter schon nach einer Woche faulen und die Konservierungseigenschaften des Öls beeinträchtigen.

1 Basilikumblätter waschen, falls nötig, und auf Küchenkrepp trocknen. In ein Glas geben und leicht mit dem Stößel zerdrücken, um das Aroma freizusetzen.

UNTEN: *Knoblauch-Kräuteröl schmeckt hervorragend und wehrt außerdem Infektionen ab. Aus Kräutern mit kräftigem Aroma wie Majoran, Thymian, Rosmarin, Lorbeer und Salbei lassen sich, einzeln oder in Kombination verwendet, köstliche Öle herstellen.*

2 Glas mit Öl füllen. Zugedeckt eine Woche an einem warmen Platz stehenlassen.

3 Basilikumblätter abseihen und das Öl in eine passende Flasche füllen.

RECHTS: *Pflanzenöle, angereichert mit aromatischen Kräutern, finden vielseitige Verwendung in Naturheilmitteln und einer gesunden Ernährung.* (VON LINKS NACH RECHTS): *Mischkräuteröl, Knoblauchöl mit Cayennepfeffer, Basilikumöl.*

— *Variationen* —

Majoran, Thymian, Rosmarin, Lorbeer und Salbei lassen sich gut kombinieren, aber auch einzeln verwenden. Cayenne und Knoblauch haben antibakterielle Wirkung und verleihen dem Öl nicht nur Würze, sondern auch eine spannende Note.

**Mischkräuteröl**

Zutaten

*Majoran, Thymian, Rosmarin, Lorbeer und Salbei, frisch und in etwa gleicher Menge, insgesamt ca. 40 g*

*300 ml Pflanzenöl*

**Knoblauchöl mit Cayennepfeffer**

Zutaten

*10–15 ml (2–3 EL Cayennepfeffer)*

*4 zerdrückte Knoblauchzehen*

*300 ml Pflanzenöl*

Unten: *Getrocknetes oder tiefgefrorenes Basilikum verliert sein Aroma, während Öle den subtilen Geschmack des frischen Krauts bewahren.*

# KRÄUTERESSIG

In der Küche verleiht Kräuteressig Saucen und Salatdressings zusätzliches Aroma und frischem Obstsalat einen pikanten Geschmack. Man kann ihn aber auch als Antiseptikum zum Putzen, für Kompressen und Breiumschläge benutzen. Manche Essigsorten lassen sich als Einreibemittel bei Hautausschlag oder Kopfschmerzen anwenden, andere als vorbeugendes Mittel einnehmen. Sie sind auch Bestandteil vieler kosmetischer Produkte.

Apfelessig eignet sich am besten zur Herstellung von Kräuteressig, und viele schwören auf seine gesundheitsfördernden Eigenschaften. Er stellt den Säuremantel der Haut wieder her und ist eine traditionelle Ingredienz in Hautlotionen und Haarspülungen. Weißweinessig wäre eine annehmbare Variante.

*OBEN: Zutaten für den Vier-Diebe-Essig (IM UHRZEIGERSINN VON RECHTS): Lavendel und Lorbeer, Rosmarin, Pfefferminze, Nelken, Zimt und Wermut, Knoblauch und Salbei.*

## *Vier-Diebe-Essig*

Als in Frankreich während des Mittelalters die Pest ausbrach, blieb eine vierköpfige Diebesbande, die ihren Lebensunterhalt mit Leichenraub verdiente, verschont, weil sie großzügigen Gebrauch von einem starken Kräuteressig machte. Die nachstehende Mischung stützt sich auf eine Mischung alter Rezepte und wirkt wie ein mildes Antiseptikum. Zwei- bis dreimal 1 El pro Tag eingenommen, beugt der Vier-Diebe-Essig Erkältungen und Infektionskrankheiten vor.

ZUTATEN

*Je 1 EL Lavendel, Rosmarin, Salbei und Pfefferminze, getrocknet*
*2-3 Lorbeerblätter*
*2 TL Wermut, getrocknet*
*2 TL Knoblauchgranulat*
*1 TL gemahlene Nelken*
*1 TL gemahlener Zimt*
*600 ml Apfelessig*

**1** Alle trockenen Zutaten in ein Glas geben.

**2** Glas mit Apfelessig füllen. Fest verschließen und zehn Tage an einem warmen Platz stehen lassen.

**3** Essig durch ein mit Küchenkrepp ausgelegtes Sieb in ein Gefäß gießen, in eine sterilisierte Flasche umfüllen und luftdicht verschließen.

— *VORSICHT* —
Anwendung höchstens zwei Wochen.
Nicht für Schwangere, da Wermut stimulierend auf die Gebärmutter wirkt.

— VARIATIONEN —

Sie können Essig auch mit anderen Kräutern herstellen, die kulinarische und medizinische Anwendungen haben.

**Himbeeressig**

ZUTATEN

*115 g Himbeeren*
*600 ml Apfelessig*

KULINARISCH: Obstsalate damit beträufeln oder Salatdressings beigeben.
MEDIZINISCH: In gleicher Menge warmes Wasser aufgelöst als Mundwasser zum Gurgeln oder gegen Halsschmerzen.

**Brombeeressig**

ZUTATEN

*115 g Brombeeren*
*600 ml Apfelessig*

KULINARISCH: Mit Salatöl als Dressing für Krautsalat mischen.
MEDIZINISCH: Bei Arthritis oder Gicht 2–3 TL Essig in ein kleines Glas heißes, stilles Mineralwasser geben und mit 1 TL Honig süßen.

**Rosenblätteressig**

ZUTATEN

*50 g frische Rosenblätter*
*600 ml Apfelessig*

KULINARISCH: Über Gurkensalat träufeln oder rote Bete damit aromatisieren.
MEDIZINISCH: Baumwolltuch in Essig tauchen, als Kompresse bei Kopfweh auf die Schläfen legen.

RECHTS (VON LINKS NACH RECHTS): *Brombeer-, Vier-Diebe- und Himbeeressig.*

# Kräutertees

Die Eigenschaften von Heilkräutern entfalten sich am besten in Tees oder Arzneien. Kräutertees sind eine erfrischende, koffeinfreie Alternative zu Schwarztee und Kaffee. Trotz einer Fülle von Sorten im Handel ist der Geschmack von Tee aus frischen oder selbstgetrockneten Kräutern unübertroffen.

Frische Kräuter sollten zuerst gewaschen werden, vor allem, wenn sie in der freien Natur gesammelt wurden. Dann geben Sie 2 EL frische oder 1 EL getrocknete Kräuter auf 600 ml Wasser. Für eine einzelne Tasse reichen zwei kleine Zweige frische oder 1 TL getrocknete Kräuter. Kräutertees können mit Honig gesüßt werden; auf Milch sollten Sie jedoch verzichten.

Für medizinische Zwecke trinken Sie dreimal täglich eine Tasse vom entsprechenden Kräutertee, und bei Schlafstörungen eine Tasse vor dem Zubettgehen. Kamille ist aufgrund seiner beruhigenden Wirkung ein hervorragender Schlaftee.

### *Zubereitung in der Cafetiere*

Die Cafetiere ist eine Alternative zur Teekanne, das Durchseihen des Tees erübrigt sich.

— **Vorsicht** —

Kräuter haben eine starke Wirkung. Deshalb den Tee nicht stärker zubereiten und ihn nicht häufiger trinken als angegeben. Bei Schwangerschaft den Arzt fragen.

**1** Frisches oder getrocknetes Zitronenkraut in der angegebenen Menge in eine Kanne geben und mit kochendem Wasser übergießen.

**2** Deckel wieder auflegen, damit die aromatischen Dämpfe nicht verfliegen; 3–4 Minuten ziehen lassen.

**3** Kolben hinunterdrücken, sobald der Tee stark genug ist. Zitronenkrauttee wirkt sehr erfrischend.

***Zubereitung in der Teetasse***
Eine traditionelle Teetasse hat ein integriertes Sieb und einen Deckel, den man auflegt, während der Tee zieht, damit das Aroma nicht verfliegt.

**1** Kräuterzweig (hier Rosmarin) ins Sieb geben und kochendes Wasser hineingießen.

**2** Deckel auflegen; 3–4 Minuten ziehen lassen, dann das Sieb entfernen.

*OBEN: Teesiebe, in Reformhäusern, Teeläden und Haushaltswarengeschäften erhältlich, sind für die Zubereitung einer einzelnen Tasse Tee aus getrockneten Kräutern praktisch.*

# Kräutertees bei geringfügigen Beschwerden

*Oben:* *Thymian ist die erste Wahl bei Erkältungen*

### *Tees bei Verdauungsbeschwerden*

Kamille: Tee aus getrockneten Blüten oder im Verhältnis 1:1 gemischt mit getrockneter Pfefferminze zubereiten.

Pfefferminze und Zitronenmelisse: Frische Kräuter in gleicher Menge für einen wohlschmeckenden Verdauungstee nach der Mahlzeit verwenden.

Dill: Lindert Verdauungsbeschwerden und kann auch Säuglingen und Kleinkindern verabreicht werden. 1 TL leicht zerdrückten Dillsamen auf eine Tasse Wasser geben und zehn Minuten kochen. Vor dem Trinken durchseihen und abkühlen lassen.

Fenchelsamen: Gegen Blähungen und Verdauungsbeschwerden. Die Samen zerdrücken und in einem Emailtopf 10 Minuten köcheln lassen, dann abseihen.

### *Tees bei Husten und Erkältungen*

Purpursalbei und Thymian: bei Halsschmerzen in gleicher Menge für einen Tee verwenden. Eine stärkere Wirkung wird erzielt, wenn Sie 1/2 TL Cayennepfeffer hinzufügen, der antibakterielle Eigenschaften hat.

Pfefferminze, Holunderblüten, Kamille und Lavendel: Beim ersten Anzeichen einer Erkältung je 1/2 TL von den ersten drei Kräutern und eine Prise Lavendel je Tasse Wasser nehmen. Einen Hauch gemahlenen Ingwer, 1 TL Honig und eine Scheibe Zitrone zugeben.

Weissdorn: Bei Bronchitis Tee mit frischem oder getrocknetem Kraut zubereiten. Mit Honig süßen.

Ysop: Bei Husten frische oder getrocknete Blätter und Blüten verwenden. Ysop ist bitter; deshalb den Tee mit Honig süßen.

Thymian: Seine antiseptischen Eigenschaften sind gut bei einem Katarrh. Nehmen Sie 1 TL getrockneten oder 2 TL frischen Thymian je Tasse. Der Tee kann auch bei Verdauungsproblemen verwendet werden.

*Unten:* *Fencheltee wird aus den Samen zubereitet. Er unterstützt die Verdauung und den Gewichtsverlust beim Abnehmen.*

### *Belebende Tees*

BRENNESSELTEE: Ein entwässernder Tee, der Schmerzen bei Rheuma und Arthritis lindert. Eine Handvoll junger, frischer Brennesselblätter hacken und in 600 ml Wasser ziehen lassen; dann abseihen.

GRÜNE MINZE: Der Tee hat einen prickelnden, belebenden Geschmack. Mit 1 EL gehackten frischen Blättern pro Tasse zubereiten und nach Belieben süßen.

BASILIKUM: Wirkt beruhigend und gegen Übelkeit. 3–4 frische Blätter je Tasse verwenden.

### *Guten-Morgen-Tee*

ZITRONENKRAUT: Aus den frischen oder getrockneten Blättern läßt sich ein belebendes Getränk mit kräftigem Geschmack zubereiten.

PFEFFERMINZE: Hat eine leicht stimulierende Wirkung, wenn man ihn auf nüchternen Magen trinkt.

*UNTEN: Aus Zitronenmelisse läßt sich ein prickelnder, belebender Tee zubereiten.*

*OBEN: Linden- und Holunderblüten haben schlaffördernde Eigenschaften und werden mit Honig nach Geschmack gesüßt.*

BERGAMOTTE: Der Tee aus Blättern und Blüten ist sehr erfrischend und aromatisch.

### *Tees bei Schlafstörungen*

KAMILLE: Ein hervorragendes Getränk vor dem Zubettgehen. Der Tee wirkt beruhigend auf das Nerven- und Verdauungssystem. Mit 1 TL getrockneter Kamille pro Tasse zubereiten; für zusätzliche Entspannung eine Prise Lavendel zugeben.

LINDEN- UND HOLUNDERBLÜTEN: Ein köstlicher Schlaftee. Eine Prise gemahlene Muskatnuß zufügen und mit Honig süßen.

BALDRIAN: Die getrocknete und geraspelte Wurzel verwenden. 2 TL auf eine Tasse Wasser geben, 20 Minuten in einem Emailtopf mit Deckel köcheln. Abkühlen lassen, abseihen, wieder erhitzen und trinken.

### *Tees bei Kopfschmerzen, Nervosität und Depressionen*

ROSMARIN: Ein köstlicher Tee aus frischen Kräutern. Einen oder zwei kleine Zweige pro Person in eine Teekanne geben und mit kochendem Wasser überbrühen. Rosmarin ist stärkend und erfrischend. Bei Nervosität wird er mit ein paar Zehrkrautblättern gemischt.

ZITRONENMELISSE: Für Tee immer frisch gesammelte Kräuter benutzen. Ein uraltes Mittel gegen Depressionen.

JOHANNISKRAUT: Die frischen oder getrockneten Blätter und Blüten verwenden. Wirkt gegen Nervosität und Depressionen.

# BELEBENDER ROSMARINWEIN

Rosmarin hat eine lange Tradition als Muntermacher, es gibt auch kein besseres Kraut für einen aromatischen, stärkenden Wein. Ursprünglich an der Mittelmeerküste beheimatet – der lateinische Name *rosmarinus* bedeutet „Tau des Meeres" – wirkt Rosmarin gegen Depressionen und Nervosität. Ingwer und Gewürznelken stärken das Immunsystem und fördern, genau wie Zimt, die Verdauung. Nehmen Sie für dieses Rezept einen Wein von guter Qualität. Trinken Sie nicht mehr als zweimal am Tag ein halbes Glas (50 ml), wenn Sie sich müde und abgespannt fühlen.

ZUTATEN

*Frische Rosmarinblätter, eine Handvoll*
*2 kleine Zimtstangen*
*5 Gewürznelken*
*1 TL gemahlener Ingwer*
*1 Prise geriebene Muskatnuß*
*1 Flasche Rotwein, gute Qualität*

**— VORSICHT —**

Studien haben gezeigt, daß ein Glas Rotwein am Tag gesundheitsförderlich ist; auch beim Alkoholkonsum sollte man allerdings Maßhalten, um das Vergnügen ungetrübt zu genießen.

1 Rosmarin, Zimtstangen und Gewürznelken in ein hohes Glas geben; mit dem Stößel leicht zerdrücken, um die ätherischen Öle freizusetzen. Ingwer und Muskat zufügen.

2 Wein zugießen, das Glas luftdicht verschließen und 7–10 Tage, aber nicht länger, an einem kühlen Platz ruhenlassen; danach sind bei den frischen Kräutern Wirkstoff und Aroma entzogen.

3 In einen Krug abseihen; den Rosmarin wegwerfen.

4 Wein in eine saubere, sterilisierte Flasche füllen und luftdicht verschließen.

*RECHTE SEITE: Der erfrischende Geschmack und die tonisierenden Eigenschaften von Rosmarin vertreiben Stimmungstiefs und milde Depressionen.*

**— FLASCHEN STERILISIEREN —**

Flaschen, in denen Sie Wein und andere hausgemachte Produkte aufbewahren, sollten makellos sauber sein. Zuerst gründlich in heißem Wasser mit einer Flaschenbürste reinigen. Dann in einer Sterilisierlösung (z. B. für Baby-Milchflaschen) nach Anweisung des Herstellers einweichen oder in einen großen mit Wasser gefüllten Einwecktopf legen, aufkochen und 10 Minuten köcheln lassen. Danach an der Luft oder noch besser im leicht angewärmten Backofen trocknen lassen.

# Eine Frühlingssuppe, die stärkt und schmeckt

Daß Brennesseln eine stärkende Wirkung haben, ist schon seit Jahrhunderten bekannt. Brennesseln enthalten Eisen, Kalzium und andere Mineralstoffe, Vitamin A und C. Brennesseln entwässern, und überschüssige Harnsäure im Körper trägt nachgewiesenermaßen zur Entstehung von Arthritis bei.

Zutaten

*Brennesselblätter, eine große Handvoll (die jungen, oberen)*
*2 EL Butter oder Margarine*
*1 Zwiebel, gehackt*
*2 Knoblauchzehen, zerdrückt*
*450 g Kartoffeln, geschält und gewürfelt*
*5–6 Wacholderbeeren, zerdrückt*
*25 g Petersilie*
*600 ml Hühnerfond, selbst zubereitet*
*600 ml Milch*
*Salz, Pfeffer und Cayennepfeffer*
*Joghurt oder Frischkäse zum Anrichten*

1 Mit Gummihandschuhen die jungen Brennesselblätter an der Spitze der Zweige pflücken.

2 Butter oder Margarine schmelzen; Zwiebel, Knoblauch, Kartoffeln und zerdrückte Wacholderbeeren zufügen. 4–5 Minuten köcheln lassen.

3 Brennesselblätter und Petersilie unterrühren; eine Minute anschwitzen, bis sie zusammenfallen. Fond zugießen und rund 15 Minuten köcheln, bis die Kartoffeln weich sind.

4 Im Mixer oder mit dem Pürierstab glattrühren. Suppe in den ausgespülten Topf zurückfüllen und die Milch unterrühren. Bei milder Hitze erwärmen, nach Geschmack mit Salz, Pfeffer und Cayennepfeffer würzen. Mit Joghurt oder Frischkäse servieren.

*Oben: Aus jungen Brennesselblättern läßt sich eine delikate Suppe mit erfrischendem, säuerlichen Geschmack zubereiten.*

*Links: Wacholderbeeren geben der Frühlingssuppe Geschmack.*

# GEWÜRZE

Bei einer fett- und salzarmen Kost sind Kräuter und Gewürze eine gesunde Alternative zum Würzen. Die getrocknete Kräutermischung in Suppen, Eintöpfe, Rührgebratenes und Pastasaucen geben oder über kurz angedünstete Gemüse streuen. Zu kleinen gemischten Sträußchen gebunden sind sie Garnierdekoration.

### *Kräutermischung*

Verwenden Sie getrocknete Kräuter aus eigenem Anbau, zu Beginn des Sommers gepflückt, wenn sie frisch sind.

ZUTATEN

*GETROCKNETE KRÄUTER: Liebstöckel, Majoran, Bohnenkraut oder Winterbergminze, Petersilie, Lorbeerblätter, Salbei, Thymian, Rosmarin*

### *Scharf exotische Mischung*

Alle verwendeten Gewürze regen den Appetit an und fördern die Verdauung. Cayennepfeffer und Ingwer verbessern die Durchblutung, Cayennepfeffer wirkt antibakteriell.

ZUTATEN

*GEMAHLENE GEWÜRZE: Muskatblüte, Koriander, Ingwer, Cayennepfeffer, frisch geriebene Muskatnuß*

Muskat, Koriander und Ingwer mit einem Drittel der Menge Cayennepfeffer und Muskatnuß mischen. In einem dunklen Glasgefäß aufbewahren.

*LINKS: Dunkle Glasbehältnisse bewahren besser die Qualität der getrockneten Kräuter. Sie halten sich bis zu ein Jahr, wenn sie an einem kühlen, dunklen Platz gelagert werden.*

1 Liebstöckel, Majoran, Bohnenkraut oder Winterbergminze und Petersilie im Verhältnis 1:1 mit der Hälfte an Lorbeerblatt, Salbei und Thymian zerdrücken.

2 Kräutermischung in einer Schüssel oder im Mörser mit dem Stößel pulverisieren. In Gläsern mit Schraubverschluß aufbewahren.

*OBEN: Gewürze runden Gerichte nicht nur ab, sondern besitzen auch gesundheitsförderliche Eigenschaften: Sie regen u. a. den Appetit an und fördern die Durchblutung.*

# Salate aus Kräutern und Blüten

Salate sind ein wichtiger Bestandteil der gesunden Ernährung; sie enthalten besonders viele Nährstoffe, wenn sie mit frischen Kräutern angereichert werden. Experimentieren Sie mit ungewöhnlichen Kombinationen, die Ihren Mahlzeiten Farbe und Vielfalt verleihen.

### *Löwenzahn-Kraftsalat*

Löwenzahnblätter sind reich an Kalium, Eisen und anderen Mineralstoffen, an Vitamin A, B, C und D. Herbalisten empfehlen sie, weil sie Leber und Verdauung stimulieren, Wassereinlagerungen im Körper bekämpfen und allgemein die Stimmung heben.

Zutaten

*1 gelbe Paprikaschote*
*gemischte Salatblätter: Löwenzahn, junger Spinat, Rauke, Feldsalat*
*Grüne Minze, ein kleines Bündel*
*Zitronenmelisse, einige Blätter*
*Borretschblüten*
*Ringelblumenblüten*
*Vinaigrette-Dressing zum Anrichten*

Paprika in Streifen schneiden; mit den Salatblättern in einer großen Schüssel mischen. Minze und Zitronenmelisse abschneiden und zugeben, Borretschblüten und Ringelblumenblüten obenauf geben. Kurz vor dem Anrichten die Vinaigrette unterheben.

Rechts: *Löwenzahnsalat, reich an Vitaminen und Mineralstoffen, fördert die Vitalität.*

### Kapuziner- und Brunnenkresse-Salat

Die scharfen Kapuzinerkresseblätter enthalten Vitamin C; auch die Blüten sind eßbar und milder im Geschmack. Zusammen mit Petersilie, die Vitamin A, B und C, Kalzium und Eisen enthält, können Sie einen Salat zubereiten, der Energie aufbaut und das Immunsystem stärkt.

ZUTATEN

*6–8 Kapuzinerkresseblüten und -blätter*
*Brunnenkresse, Bündel, Stiele weggeschnitten*
*25 g Petersilie, gehackt*
*Lattichblätter*
*Gurkenscheiben*
*1 große Orange, geschält, in Scheiben geschnitten und geviertelt*
*Orangenblüten-Dressing*

1 Kapuzinerkresseblüten als Dekoration aufbewahren. Blüten vom Rest trennen und mit der Brunnenkresse in eine Schüssel geben.

2 Kapuzinerkresseblätter hacken und mit den anderen Zutaten zum Salat geben. Orangenblüten-Dressing unterheben und mit Kapuzinerkresseblüten garnieren.

OBEN: *Kapuzinerkresse ist eine farbenprächtige Ergänzung zum Brunnenkresse-Orangen-Salat.*

RECHTS: *Ein Korb mit frisch gepflückten Kräutern und Blüten, die gesunde Zutaten für Salate sind.*

### Orangenblüten-Dressing

Orangenblütenwasser ist ein Nebenprodukt, das beim Destillieren von Neroliöl entsteht.

ZUTATEN

*1/2 TL Knoblauchsalz*
*1 TL Dijon-Senf*
*3 EL Färberdistelöl*
*1 EL Orangenblütenwasser*
*1 TL Zitronensaft*
*Schnittlauch, kleiner Bund, fein geschnitten*
*schwarzer Pfeffer, frisch gemahlen*

Alle Ingredienzien in ein Glas mit Schraubverschluß füllen und vor Gebrauch kräfig schütteln.

# KNOBLAUCH-ERKÄLTUNGSSIRUP

Die gesundheitsfördernden Eigenschaften von Knoblauch waren schon im alten Ägypten bekannt. Die Ärzte in der griechischen und römischen Antike verordneten ihn bei Atemwegsentzündungen, und die moderne Forschung bestätigt seine antibakterielle Wirkung. Er beugt Viruserkrankungen vor. Der Sirup, mit Honig gesüßt, der beruhigend und antiseptisch wirkt, ist zwei- bis dreimal täglich bei Erkältungen und Grippesymptomen als vorbeugendes oder linderndes Mittel zu empfehlen.

*OBEN: „Knoblauch … ein Heilmittel für Erkrankungen und Beschwerden aller Art." NICOLAS CULPEPPER (1653).*

*RECHTS: Knoblauchsirup gehört in jede Hausapotheke, um Infektionen zu bekämpfen. Beim ersten Anzeichen einer Erkältung einnehmen.*

ZUTATEN

*Knoblauchzwiebel*
*300 ml Wasser*
*Saft von 1/2 Zitrone*
*2 EL Honig*

**1** Knoblauchzehen – ungeschält – zerdrücken und mit dem Wasser in einen Topf geben. Aufkochen lassen, dann 20 Minuten köcheln.

**2** Zitronensaft und Honig zufügen; 2–3 Minuten köcheln. Leicht abkühlen lassen, dann in ein sauberes, dunkles Glasgefäß mit luftdichtem Verschluß durchseihen. Der Sirup hält sich 2–3 Wochen im Kühlschrank.

— TIP —

Die gesundheitsfördernden Eigenschaften von Knoblauch lassen sich optimal nutzen, wenn Sie ihn täglich der Nahrung beigeben. Es gibt ihn auch in Kapselform im Handel.

# Fruchtliköre und Sirups

Hausgemachte Fruchtliköre haben einen frischen, intensiven Geschmack. Sie halten sich von Jahr zu Jahr und lassen sich zur Herstellung von köstlichen Getränken verwenden.

### *Holunderblüten-Limetten-Saft*

Aus Holunderblüten und Limetten mit ihrem hohen Vitamin-C-Gehalt entsteht ein hochwirksamer Saft gegen eine Sommergrippe.

Zutaten

*10 frische Holunderblütendolden*
*2-3 Limetten, in Scheiben geschnitten*
*675 g Zucker*
*1 TL Zitronensäure*
*1 TL Weinstein*
*1 l kochendes Wasser*

1 Holunderblüten gründlich verlesen und waschen. Mit den Limetten in eine große Schüssel geben. Zucker, Zitronensäure und Weinstein zufügen. 2 Stunden ziehen lassen.

2 Kochendes Wasser zugießen und 24 Stunden stehen lassen. Dann den Sirup in sterilisierte Flaschen abseihen und verschließen. Der Saft hält sich 2–3 Monate im Kühlschrank. Vor dem Servieren mit der doppelten Menge Wasser verdünnen.

Rechts: *Holunderblütensaft lindert Sommerkatarrh und Heuschnupfen.*

### *Holunderbeerensirup*

Holunderbeeren sind reich an Vitamin A und C. Sie enthalten Bioflavonoide, die das Immunsystem unterstützen. Den Sirup mit Zitronensaft einnehmen, mit heißem Wasser verdünnen. Er hält sich mehrere Monate.

Zutaten

*1 kg Holunderbeeren*
*350 g Zucker*
*geriebene Schale und Saft einer Orange*
*10 Koriandersamen*
*1 Zimstange*

Alle Zutaten in einen Topf geben und bei milder Wärme erhitzen, bis der Zucker geschmolzen ist. Rund 20 Minuten köcheln. Durchseihen und in eine Flasche füllen.

Links: *Holunderblüten lassen sich mit Stachelbeeren und weichen Früchten kochen. Tinkturen und Lotionen beifügen oder für die spätere Verwendung trocknen.*

# HUSTEN- UND ERKÄLTUNGSMITTEL

Ein Absud wird zubereitet, indem man Kräuter, Wurzeln oder Rinde in Wasser köchelt, um ihnen die Vitalstoffe zu entziehen.

### *Ingwer-Zitronen-Absud gegen Halsschmerzen*

Ingwer wärmt, regt an, fördert die Schweißbildung, wodurch Giftstoffe ausgeschwemmt werden und Schleim und Schnupfen verschwinden. Der Absud hält sich 2–3 Tage.

ZUTATEN

*115 g frische Ingwerwurzel*
*600 ml Wasser*
*Saft und Rinde von 1 Zitrone*
*1 Prise Cayennepfeffer*

1 Ingwerwurzel ungeschält in Scheiben schneiden; mit Zitronenrinde und Cayennepfeffer in einen Topf mit Wasser geben.

2 Aufkochen lassen und zugedeckt 30 Minuten köcheln. Von der Herdplatte nehmen und den Zitronensaft zufügen. Jeweils eine kleine Tasse voll trinken, nach Geschmack mit Honig gesüßt.

*LINKS: Ein Absud aus Ingwer und Zitrone lindert Halsschmerzen.*

*RECHTS: Zitronen und frischer Ingwer.*

### *Hustensaft mit Thymian und Borretsch*

Borretsch wird schon seit langem zur Herstellung von Hustensaft verwendet, und Thymian hat antiseptische Eigenschaften.

ZUTATEN

*25 g Thymian, frisch oder getrocknet*
*25 g Borretschblüten und -blätter, frisch oder getrocknet*
*2 Zimtstangen, 5 cm lang*
*600 ml Wasser*
*Saft von einer kleinen Zitrone, 100 g Honig*

1 Kräuter mit Zimt und Wasser in einen Topf geben. Aufkochen lassen, zugedeckt 20 Minuten köcheln. Durchseihen, dann die Flüssigkeit in einen Topf geben.

2 Zitronensaft und Honig zufügen; 5 Minuten köcheln. In eine Flasche füllen und kühl aufbewahren. In der Flasche hält sich der Saft etwa 2 Monate. Nach Bedarf 1 EL nehmen.

# Antiseptisches Mundwasser

Mit einem frischen Kräuterabsud gurgeln lindert Halsweh. Wenn keine frischen verfügbar sind, können Sie 2 EL getrocknete Kräuter auf 600 ml Wasser verwenden.

***Thymian-Salbei-Mundwasser***

Beim ersten Anzeichen von Halsweh mit dem Mundwasser gurgeln. Sie können den Absud auch einnehmen, jeweils 2 EL, zwei- bis dreimal täglich. Er sollte innerhalb einer Woche verbraucht werden.

Zutaten

*Frische Salbei- und Thymianblätter, eine kleine Handvoll*
*600 ml kochendes Wasser*
*2 EL Apfelessig*
*2 TL Honig*
*1 TL Cayennepfeffer*

**1** Grob gehackte Blätter in einen Krug geben, kochendes Wasser zugießen, zugedeckt 30 Minuten ziehen lassen.

**2** Blätter abseihen, dann Apfelessig, Honig und Cayennepfeffer unterrühren.

Oben: *Frische Thymian- und Salbeiblätter sind die Rohmaterialien für ein antiseptisches Mundwasser zum Gurgeln, das Halsschmerzen lindert.*

Rechts: *Weißdorn und aromatischer Ysop ergänzen sich zu einem Mundwasser.*

***Ysop-Weißdorn-Mundwasser***

Herbalisten schwören seit alters her auf Ysop und Weißdorn als wirksame Mittel gegen Husten. Aus dieser Mischung läßt sich ein antiseptisches Mundwasser zum Gurgeln zubereiten, das auch noch äußerst aromatisch ist. Aus den Blättern und Blüten beider Kräuter einen Absud (siehe Anleitung Thymian-Salbei-Mundwasser) kochen. Kräutertees bringen ebenfalls Linderung bei Halsweh.

# TINKTUREN

Die Zubereitung von Tinkturen ist eine effektive Methode, um Heilpflanzen Wirkstoffe zu entziehen. Sie werden aus frischen oder getrockneten Pflanzenkräutern hergestellt, das einige Zeit in einem Alkohol-Wasser-Gemisch ziehen muß. Wodka eignet sich am besten, weil er nur wenige chemische Zusätze enthält. Tinkturen halten sich bis zu zwei Jahre, da der Alkohol konserviert. Sie sollten nicht häufiger als drei- bis viermal täglich 1 TL einnehmen, mit Wasser oder Fruchtsaft verdünnt. Tinkturen können auch zum Einreiben äußerlich angewendet werden.

***Lavendeltinktur***

ZUTATEN

*15 g getrockneter Lavendel*

*250 ml Wodka, auf*

*300 ml mit Wasser aufgefüllt*

*— TIP —*

Tinkturen grundsätzlich dunkel aufbewahren.

*— VORSICHT —*

Für Tinkturen keinesfalls Methylalkohol, Spiritus oder Industrialkohol verwenden, die hochgradig giftig sind.

**1** Getrockneten Lavendel in ein Glasgefäß geben; Wodka-Wasser-Mischung zugeben, die sich sofort blau färbt.

**2** Deckel auflegen und 7 bis max. 10 Tage an einem kühlen, dunklen Platz stehen lassen; gelegentlich schütteln.

**3** Lavendel durch ein mit Küchenkrepp ausgelegtes Sieb gießen; dann in eine sterilisierte Glasflasche füllen. Mit einem Korken verschließen und lagern.

*RECHTS: Die Wirkstoffe des Lavendels werden entzogen, während sich die blaßblaue Tinktur purpurrot färbt. Die Blüten abseihen, bevor sie welken.*

*Oben: Wacholdertinktur wird aus getrockneten Beeren hergestellt.*

*Oben: Von links nach rechts: Lavendel-, Veilchen- und Wacholdertinktur.*

*Unten: Aus frischen Himbeerblättern läßt sich eine Tinktur gegen Mundgeschwüre herstellen.*

### Himbeerblättertinktur

Nehmen Sie die gleichen Mengen für andere Tinkturen aus frischen Pflanzen.

Zutaten

*50 g frische Himbeerblätter, grob gehackt*
*250 ml Wodka, auf*
*300 ml mit Wasser aufgefüllt*

Folgen Sie der Methode für die Herstellung der Lavendeltinktur. Falls die Blätter nicht ganz von der Flüssigkeit bedeckt sind, zusätzliche Wodka-Wasser-Mischung zugießen. Da frische Pflanzen mehr Flüssigkeit aufsaugen, die Blätter beim Durchseihen mit einem Holzlöffel ausdrücken.

**—Tinkturen und ihre Anwendungen—**

Lavendel: Bei Kopfschmerzen, nervösen Störungen und Depressionen. Verdünnt einnehmen oder einer Kompresse beifügen.

Himbeerblätter: Bei Mundgeschwüren und Zahnfleischentzündung. Mit warmem Wasser verdünnen und als Mundwasser benutzen.

Wacholder: Bei Rheuma. Bei Gliederschmerzen einem Einreibemittel beigeben.

Holunderblüte: Gegen Erkältungen und Heuschnupfen. Aus den getrockneten Blüten herstellen. Bei Heuschnupfen vor dem Pollenflug einehmen.

Veilchen: Gegen Schlaflosigkeit. Die Blüten des Wohlriechenden Veilchens verwenden *(Viola odorata)*.

# Drittes Kapitel

# Aromatische Arzneien, Salben und Lotionen

*„Sammelt Kräuter, denn sie sind gesund und heilen viele Krankheiten."*
Nicolas Monardes (1569)

In diesem Kapitel finden Sie hausgemachte Heilmittel für die äußere Anwendung aromatischer Düfte in Lotionen, Einreibemitteln, Salben und Breiumschlägen, zum Inhalieren oder in Duftkissen.

*Oben und links: Getrocknete Kräuter und andere Ingredienzien für hausgemachte Heilmittel.*

# ERSTE HILFE FÜR DIE HAUT

Frische Kräuter leisten als Notfallmedizin bei Insektenstichen, leichten Verbrennungen, Prellungen und Schürfwunden gute Dienste. Deshalb sollten Sie immer ein paar dieser einfachen Hausmittel in Ihrer Hausapotheke vorrätig haben.

***—Heilmittel aus ätherischen Ölen—***

Lavendelöl: 5 Teile Lavendelöl mit 1 Teil Sonnenblumen- oder Mandelöl verdünnt auf leichte Verbrennungen, Insektenstiche, oder Prellungen tupfen.

Teebaumöl: Die antiseptischen Eigenschaften lassen sich durch Verdünnung mit einer kleinen Menge Basisöl bei Schnitt- und Schürfwunden nutzen, nachdem diese desinfiziert wurden.

***—Pflanzliche Heilmittel—***

Aloe vera oder Hauslauch: Ein Blatt abzupfen, mit einem scharfen Messer aufschlitzen und das austretende Gel bei leichten Verbrennungen, Sonnenbrand, Prellungen und Insektenstichen auftragen.

Zitronenmelisse oder Basilikum: Insektenstiche mit einer Handvoll frischer Blätter einreiben.

Ampferblätter: Brennesselquaddeln mit einem frischen Ampferblatt einreiben.

Zwiebel: Halbieren oder in dicke Scheiben schneiden; Mücken- oder Wespenstiche damit einreiben. Frisch geschnittene Zwiebeln helfen auch bei Frostbeulen.

Knoblauch: Zehen schälen und zerdrücken; auf entzündete Stellen und Eiterbläschen auftragen.

*Oben: Dem Hauslauch gebührt ein Platz in der Erste-Hilfe-Ausrüstung.*

*Links: Die Heilkraft der Aloe vera, Bestandteil vieler Produkte, ist weithin bekannt.*

*Rechts: Rohe Zwiebel lindert Juckreiz.*

***—Notfallmedizin—***

Hamamelisdestillat: Bei leichten Verbrennungen, Insektenstichen, Schnitt- und Schürfwunden auftragen.

Arnikasalbe: Bei Prellungen und Verstauchungen, nicht bei Schürfwunden.

# LAVENDEL-LIPPENBALSAM

Die Herstellung eines Balsams für rauhe, aufgesprungene Lippen ist einfach. Die Zutaten sind in Drogerien und Reformhäusern erhältlich: Sie brauchen reines Bienenwachs und Kakaobutter als fetthaltige Weichmittel. Weizenkeimöl gehört mit seinem hohen Vitamin-E-Gehalt zu den wirkungsvollen Antioxidantien. Bei aufgesprungenen Lippen hilft auch eine einfache Mixtur aus Honig und Rosenwasser.

ZUTATEN

*1 TL Bienenwachs*
*1 TL Kakaobutter*
*1 TL Weizenkeimöl*
*1 TL Mandelöl*
*1 TL Lavendelöl (ätherisches Öl)*

RECHTS: *Heilender Lavendel-Lippenbalsam.*

**1** Alle Ingredienzien, außer dem Lavendelöl, in eine kleine Schüssel geben.

**2** Schüssel ins Wasserbad stellen, Inhalt langsam unter Rühren erhitzen, bis das Wachs geschmolzen ist. Haben Sie Geduld, denn Bienenwachs hat einen hohen Schmelzpunkt.

**3** Schüssel herausnehmen, Mischung abkühlen lassen, dann das Lavendelöl unterrühren. In ein kleines Glas füllen und erstarren lassen.

# RINGELBLUMENSALBE

Die orangefarbenen Blüten der Ringelblume *(Calendula officinalis)* standen bei den Herbalisten schon seit Jahrhunderten wegen ihrer Heilkräfte hoch im Kurs. Noch heute gilt Ringelblumensalbe als weithin anerkanntes Mittel bei Hautreizungen, vom Insektenstich bis zum Sonnenbrand, Ekzemen und anderen juckenden Ausschlägen, die durch allergische Reaktionen entstehen.

Ringelblumenöl, wie die anderen Ingredienzien in Reformhäusern erhältlich, verstärkt die Heilwirkung der Salbe, darf aber weggelassen werden. Benzointinktur ist ein Antiseptikum und Konservierungsmittel.

ZUTATEN

*300 ml kochendes Wasser*
*15 g getrocknete Ringelblumen oder*
*30 g frische Blüten*
*60 ml Emulsionsmittel (Salbe)*
*15 ml Glyzerin*
*4 Tropfen Benzointinktur*
*4–5 Tropfen Ringelblumenöl*

RECHTS: *In Macers Heilpflanzenbuch* Herbal *heißt es, ein Blick auf Ringelblumen reiche bereits aus, um die „verderblichen Säfte" aus dem Kopf zu ziehen.*

RECHTE SEITE: *Aus Ringelblumen läßt sich eine Heilsalbe herstellen, die Linderung bei Hautreizungen verschafft.*

**1** Ringelblumen in ein Glasgefäß geben und mit kochendem Wasser übergießen. Den Aufguß zugedeckt abkühlen lassen, dann durchseihen.

**2** Emulsionsmittel und Glyzerin in eine Schüssel geben; im Wasserbad langsam unter Rühren erhitzen, bis beides geschmolzen ist, was ungefähr 10 Minuten dauert.

**3** Herausnehmen und zusammen mit der Benzoin-Tinktur und dem Ringelblumenöl in 150 ml Ringelblumenaufguß einrühren, bis die Mischung erkaltet ist und die Konsistenz von Creme double hat. Vor dem Erstarren in ein kleines Glas umfüllen. Die Salbe hält sich mindestens 6 Monate.

# BEINWELLSALBE BEI PRELLUNGEN

Einige Salben werden aus Öl oder Fett ohne Wasserzugabe hergestellt. Sie ziehen nicht in die Haut ein wie eine Creme, sondern überziehen sie mit einem Schutzfilm. Vaseline oder Paraffin riechen angenehmer und halten länger als tierische Fette, die früher als Grundsubstanz für solche Hausmittel verwendet wurden.

ZUTATEN

*200 g Vaseline oder Paraffin*
*ungefähr 30 g frische Beinwellblätter, grob gehackt*

**1** Vaseline in eine Schüssel geben.

**2** Gehackte Beinwellblätter zufügen, gut umrühren und ungefähr 1 Stunde im Wasserbad erwärmen.

**3** Mischung durch Musselintuch abseihen, das Sie mit einem Gummiband um den Rand eines Krugs befestigen. Sofort in ein sauberes Glasgefäß umfüllen, bevor die Salbe erstarrt.

— *VARIATIONEN* —

Salben gegen Prellungen können auch aus Hauslauch *(Sempervivum tectorum)*, Schafgarbe *(Achillea millefolium)* oder Arnikablüten *(Arnica montana)* nach den Anleitungen für die Beinwellsalbe hergestellt werden, wobei Sie die Pflanzen in gleicher Menge verwenden.

RECHTE SEITE: *Beinwellsalbe beschleunigt den Heilungsprozeß bei Prellungen und Verstauchungen.*

LINKS: *Der Name Beinwell ist auf seine Wundheilkraft und die Eigenschaft zurückzuführen, den Heilungsprozeß bei Frakturen zu beschleunigen.*

— *VORSICHT* —

Schafgarbe kann (in seltenen Fällen) eine allergische Reaktion hervorrufen. Arnikacreme nicht auf offene Wunden auftragen, da Hautreizungen auftreten können.

# EINREIBEMITTEL

Einreibemittel sind Arzneien in flüssiger Form, oft eine Mischung aus Kräuteröl und einer Tinktur. Bei manchen wird als Grundsubstanz Alkohol oder Essig statt Öl oder Fett verwendet.

### *Einreibemittel bei Rheuma*

Bei Rheuma, Gelenkschmerzen und Muskelkater wird das Mittel körperwarm leicht in die betroffenen Bereiche einmassiert.

ZUTATEN

*6 Knoblauchzwiebeln*
*300 ml Olivenöl*
*2 EL Wacholdertinktur*

1 Knoblauch ungeschält zerdrücken und in eine Schüssel geben. Olivenöl zugießen. Mit Folie abdecken und im Wasserbad 1 Stunde bei niedriger Temperatur erwärmen. Wassermenge im Topf regelmäßig überprüfen, wenn nötig auffüllen.

2 Öl durchseihen, lauwarm werden lassen, dann die Wacholdertinktur unterrühren. In eine Flasche mit Verschluß füllen.

*LINKS: Die Heilwirkung von Knoblauch und Wacholderbeere entfaltet sich in einem Massageöl gegen Gelenkschmerzen und Muskelkater.*

*RECHTS: Lavendel und Eukalyptus haben eine schleimlösende, antiseptische Wirkung und sind bei Atemwegsinfektionen zu empfehlen.*

*RECHTE SEITE: Ein wirkungsvolles Inhalat gegen Erkältungen.*

### *Lavendel-Eukalyptus-Einreibemittel bei Erkältungen*

Mit diesem Mittel, das die Atemwege frei macht, vor dem Zubettgehen Hals, Brust und Rücken einreiben, so daß die ätherischen Öle während der Nacht eingeatmet werden. Es kann auch zum Inhalieren in kochendem Wasser aufgelöst werden.

ZUTATEN

*50 g Vaseline*
*1 EL getrockneter Lavendel*
*6 Tropfen Eukalyptusöl*
*4 Tropfen Kampferöl*

1 Vaseline in einer Schüssel im Wasserbad schmelzen, Lavendel einrühren und 30 Minuten erwärmen.

2 Durch ein Musselintuch abseihen, leicht abkühlen lassen, die ätherischen Öle zugeben. In einem sauberen Glas fest werden lassen.

# BREIUMSCHLÄGE

Breiumschläge werden aus zerstampften Kräutern und anderen Küchenzutaten hergestellt. Sie beschleunigen den Heilungsprozeß bei Verstauchungen, Prellungen, Entzündungen und Hautabschürfungen. Konsultieren Sie jedoch immer den Arzt, wenn sich der Zustand nicht in kurzer Zeit bessert.

Breiumschläge werden direkt oder in sterile Gaze verpackt aufgelegt. Sie können kalt oder heiß verwendet werden.

### *Beinwell-Breiumschlag bei Prellungen und Verstauchungen*

Beinwell eignet sich hervorragend zur Behandlung von Prellungen.

ZUTATEN

*Frische Beinwellblätter, eine Handvoll kochendes Wasser*

1 Eine Handvoll Beinwellblätter in eine Schale schneiden. Mit kochendem Wasser und einem Löffel zu einem dicken Brei zerdrücken.

2 Leicht abkühlen lassen, dann den Brei direkt auf den betroffenen Bereich auftragen. Mit einem Stück Gaze abdecken und eine Bandage herumwickeln. Mehrere Stunden einwirken lassen.

UNTEN: *Frische Angelikablätter (oben) mit Majoran waren bei den alten Griechen ein beliebtes Mittel gegen „heiße Blähungen".*

### *Therapeutische Breiumschläge bei anderen Beschwerden*

ANGELIKA-MAJORAN-UMSCHLAG BEI GELENKSCHMERZEN UND MUSKELKATER: Wilder Majoran und Angelika wirken entzündungshemmend. Frische oder getrocknete Kräuter im Verhältnis 1:1 mischen und wie den Beinwell-Umschlag weiterverwenden.

ANGELIKA-UMSCHLAG BEI SONNENBRAND: Leicht zerdrückte Blätter und Stiele direkt auf die Haut auftragen; lindert das Brennen.

KAROTTEN-UMSCHLAG BEI ENTZÜNDUNGEN UND AUFGESPRUNGENER HAUT: Karotten „entziehen" dem Körper Toxine. Frische Karotten fein reiben und direkt auf den Problembereich auftragen.

SALBEI-UMSCHLAG FÜR SCHRAMMEN UND SCHÜRFWUNDEN: Brei wie beim Beinwell-Umschlag aus den Blättern herstellen, in ein sauberes Tuch wickeln und warm auf den betroffenen Bereich auftragen.

HAFERSCHLEIM-UMSCHLAG BEI INSEKTENSTICHEN: Feines Hafermehl mit heißem Wasser oder Kräuteraufguß – Beinwell oder Ringelblume sind am besten geeignet – zu einer Paste verrühren. Kalt auf die Stiche auftragen.

RECHTE SEITE: *Die Herstellung eines Breiumschlags ist eine schnelle, leichte Methode, um die Heilkräfte der Beinwellpflanze zu nutzen.*

### Ulmen-Thymian-Umschlag bei Verbrennungen und Entzündungen

Die Heilkräfte des Ulmenpulvers und die antiseptischen Eigenschaften des Thymians kommen in diesem Breiumschlag zur Wirkung.

ZUTATEN

*Thymian, eine kleine Handvoll*
*kochendes Wasser*
*2 EL Ulmenpulver*

1 Thymianblätter von den Stengeln zupfen (rund 15 g werden benötigt), in eine kleine Schüssel geben und mit kochendem Wasser überbrühen. Sorgfältig zu Brei zerstampfen.

2 Einen Teil der Flüssigkeit abgießen, dann Ulmenpulver einrühren, so daß eine grobe Paste entsteht. Direkt auf die Haut auftragen oder zuerst in Gaze wickeln.

UNTEN: *Ulmenpulver und Thymian.*

# KOMPRESSEN

Kalte Kompressen wirken oft Wunder bei Kopfweh, und heiße lindern Gelenkschmerzen und Muskelkater.

### *Lavendelkompresse bei Kopfschmerzen*

Die Kompresse auf der Stirn lindert Spannungskopfschmerzen. Sobald sie warm wird, erneuern.

ZUTATEN

*25 g getrockneter Lavendel*
*600 ml kochendes Wasser*
*3–4 Tropfen Lavendelöl*
*2 TL Lavendeltinktur*

**1** Getrockneten Lavendel mit kochendem Wasser überbrühen. 1 Stunde ziehen lassen, dann abseihen. Nach dem Erkalten mit dem ätherischen Öl und der Tinktur mischen.

**2** Weiches Baumwolltuch locker zusammenfalten. In Lavendelaufguß tauchen und leicht auswringen.

### —*KRÄUTERKOMPRESSEN FÜR DIE AUGEN*—

Eine Kompresse erfrischt die Augen und mindert Schwellungen und Jucken.

FENCHELABSUD: 2 TL Fenchelsamen 30 Minuten in 300 ml destilliertem Wasser kochen. Abseihen, abkühlen lassen und Wattepads damit tränken.

KAMILLENTEEBEUTEL: Kamillentee kochen; erkalten lassen, Wattepads damit tränken und auf die Augen legen.

ROSENWASSER: Wattepads mit einem Rosenwasser-Aufguß, hergestellt mit destilliertem Wasser, tränken.

### *Baldriankompresse bei geschwollenen Gelenken*

25 g getrocknete Baldrianwurzel 1 Stunde zugedeckt in 600 ml Wasser kochen. Abseihen, Wattepad in den Extrakt tauchen und heiß auflegen.

### *Wermutkompresse bei Prellungen*

25 g frischen oder 15 g getrockneten Wermut mit 500 ml kochendem Wasser überbrühen. 30 Minuten ziehen lassen, abseihen und kalt auftragen. Hilft auch bei Insektenstichen.

*UNTEN: Lavendelkompresse lindert Kopfschmerzen.*

# INHALATIONSMITTEL BEI ATEMWEGSERKRANKUNGEN

Das Inhalieren mit aromatischen Kräutern schafft Erleichterung bei Erkältungen oder blockierten Atemwegen.

### *Inhalationsmittel aus frischen Kräutern*

Eine der einfachsten und wirksamsten Methoden besteht darin, frisch gepflückte Kräuter und Gewürze in kochendes Wasser zu geben und die Dämpfe einzuatmen.

ZUTATEN

*KRÄUTER: Basilikum, Eukalyptusblätter, Lavendel, Minze, Rosmarin, Salbei, Thymian, Wacholderblätter, Zitronenmelisse*

*GEWÜRZE: Cayennepfeffer, Wacholderbeeren, Zimtstange*

1 Eine große Handvoll Kräuter und Gewürze in eine Schüssel geben.

2 Mit ca. 1 Liter kochendem Wasser überbrühen. Tief über die Schüssel beugen, Gefäß und Kopf mit einem Handtuch bedecken.

### *Inhalationsmittel aus ätherischen Ölen*

ZUTATEN

*5 Tropfen Eukalyptusöl*
*2 Tropfen Kampferöl*
*2 Tropfen Zitronenöl*

Ätherische Öle in kochendes Wasser geben.

—SCHLEIMLÖSENDE ÖLE—
Fichte, Eukalyptus, Lavendel, Majoran, Pfefferminze, Zimt, Zitrone

*RECHTS: Das Inhalieren aromatischer, frisch gepflückter Kräuter hilft, die Atemwege von Verstopfungen zu befreien.*

# DUFTLAMPEN

Ätherische Pflanzenöle haben eine nachhaltige Wirkung auf die Stimmung und den mentalen Zustand. Die Dämpfe sind entspannend und revitalisierend, wenn man einige Tropfen auf ein Taschentuch träufelt und es über Nacht aufs Kopfkissen legt. Konzentrierter und länger wirksam ist eine Duftlampe.

*UNTEN: Jasmin (Jasminum officinale) wirkt entspannend und steigert das allgemeine Wohlbefinden.*

Bei einer Duftlampe wird Wasser mit ein paar Tropfen ätherischem Öl über einer Kerze oder einem Teelicht erhitzt und das Aroma als Dampf im Raum verströmt. Duftlampen sollten nie unbeaufsichtigt oder in der Obhut von Kindern bleiben.

*OBEN: Handelsübliche Duftlampen, die das heilsame Aroma ätherischer Pflanzenöle verströmen.*

6–8 Tropfen ätherisches Öl in das mit Wasser gefüllte Behältnis der Duftlampe träufeln. Wasser nachfüllen, sobald es verdampft, und falls nötig weitere 1–2 Tropfen Öl hinzufügen. Einige Tropfen Öl in einer Schüssel mit heißem Wasser erfüllen den gleichen Zweck.

*OBEN: Träufeln Sie einfach 1–2 Tropfen ätherisches Öl auf ein Taschentuch, um den Duft zu genießen.*

*LINKS: Das Inhalieren mit ätherischen Ölen wirkt entspannend und baut Streß und Nervosität ab.*

### —ÄTHERISCHE ÖLE FÜR DAS NERVENSYSTEM—

ENTSPANNENDE, REVITALISIERENDE ÖLE BEI DEPRESSIONEN, ANSPANNUNG UND NERVOSITÄT: Basilikum, Bergamotte, Kampfer, Kamille, Muskatellersalbei, Weihrauch, Jasmin, Lavendel, Neroli, Rose, Sandelholz, Thymian, Ylang-Ylang.

SEDATIVE ÖLE BEI SCHLAFSTÖRUNGEN: Kamille, Lavendel, Majoran, Neroli, Rose, Sandelholz, Wacholder.

BERUHIGENDE ÖLE BEI SCHOCK UND STRESS: Melisse, Neroli, Pfefferminz, Rose, Wacholder, Zedernholz.

STIMULIERENDE ÖLE BEI APATHIE, LETHARGIE UND MENTALER ERSCHÖPFUNG: Basilikum, Fichte, Kardamon, Pfefferminze, Poleiminze, Rosmarin, Schwarzer Pfeffer.

# SCHLAFKISSEN

Ein Kissen, gefüllt mit dem sedativen Aroma von Kräutern und Blüten, fördert Entspannung und Schlaf. Ein kleines flaches kann in den Nacken oder unters Kopfkissen gelegt werden. Die Füllung besteht aus einem hausgemachten Duftpotpourri.

### *Schlafpotpourri*

ZUTATEN

*2 Tassen getrocknete Hopfenblüten*
*2 Tassen getrocknete Rosenblüten*
*1 Tasse getrocknete Kamillenblüten*
*je ½ Tasse getrockneter Jasmin, Orangenblüten und Lavendel*
*2 TL gemahlene Veilchenwurzel*
*1 TL Weihrauchpulver*
*5–6 Tropfen Neroli- oder Melissenöl*

Alle Ingredienzien zusammenmischen, zum Schluß das ätherische Öl beifügen. In einem luftdicht verschlossenen Behältnis mindestens 10 Tage an einem warmen Platz stehenlassen; dabei gelegentlich schütteln.

### *Schlafkissen*

MATERIAL

*Baumwollvlies, 40 x 25 cm*
*Steck- und Nähnadeln*
*Nähmaschine*
*farblich passendes Nähgarn*
*Schlafpotpourri*
*2 Stoffstücke, 24 x 29 cm*
*1 m Spitzenvolant (gerafft)*
*Heftfaden*
*Klettband, 22 cm*

1 Für das Innenkissen Baumwollvlies zur Hälfte falten, so daß die kürzeren Kanten aufeinanderliegen. Zusammenstecken, dann nähen; dabei eine Seite offen lassen. Wenden und das Kissen mit Schlafpotpourri füllen. Öffnung zunähen.

2 Mit der rechten Seite eines Stoffstücks obenauf und der Spitze des Volants nach innen, rundum an der Kante zusammenstecken und heften.

3 Klettband teilen. Die beiden Streifen mit der rechten Seite obenauf an die kürzeren Kanten der beiden Stoffstücke nähen; das Klettband sollte sich in der Mitte befinden. Stoffstücke rechts auf rechts zusammenstecken und die drei restlichen Kanten nähen.

4 Überzug nach rechts wenden und das gefüllte Kissen einschieben. Klettband schließen.

*AUSSEN LINKS UND RECHTE SEITE: Ein Duftkissen fördert einen gesunden Schlaf.*

# DUFTKISSEN

In alten Pflanzenbüchern findet man viele Rezepte für aromatische Pulver, die in kleinen Säckchen zwischen die Wäsche gelegt oder in der Tasche getragen wurden. Solche Sachets wurden aus kosmetischen und hygienischen Gründen benutzt, als Abwehrmittel gegen Motten, Flöhe und anderes Ungeziefer.

In Schubläden und Schränken ist auch heute noch Platz für duftende Kräuterkissen gegen die Motten. Gefüllt mit verschiedenen Potpourri-Mischungen, sind sie ein dekoratives Accessoire im Haus oder sorgen, im Auto aufgehängt, für Frische während der Fahrt.

MATERIAL

*braunes Papier für das Schnittmuster*
*Schere*
*Stecknadeln*
*feiner Baumwollstoff oder Musselin*
*Zackenschere*
*Potpourri-Füllung*
*Gummiband*
*Satin- oder Leinenband*

**1** Kreis mit einem Durchmesser von 30 cm aus Papier ausschneiden; einen Teller als Schablone benutzen. Schnittmuster auf den Stoff stecken und ausschneiden.

**2** Potpourri in die Mitte häufen, so daß eine Kugel entsteht.

**3** Stoff um die Füllung raffen, oben mit einem Gummiband sichern. Mit Satin- oder Leinenband umwickeln und zur Schleife binden.

LINKS AUSSEN: *Heiligenkraut hat ein starkes Aroma und läßt sich gut für Potpourris trocknen.*

LINKS: *Ein Duftkissen im Kleiderschrank vertreibt Motten und Ungeziefer.*

—FÜLLUNGEN FÜR DUFTKISSEN—

**Gegen Motten**

Um Motten und anderes Ungeziefer von Kleider- und Vorratsschränken fernzuhalten, ein mit Kräutern und Gewürzen gefülles Duftkissen im Schrank oder in der Küche aufhängen.

ZUTATEN

*GETROCKNETE KRÄUTER: Basilikum, Eberraute, Heiligenkraut, Lavendel, Poleiminze, Rosmarin, Thymian, Wermut*
*GEMAHLENE GEWÜRZE: Gewürznelken, Veilchenwurzelpulver, Zimt*
*Je 5–6 Tropfen Lavendel- und Nelkenöl*
*2 Tropfen Patchouliöl*

**Revitalisierendes Duftkissen**

Ein Duftkissen mit einem Potpourri aus Rosmarin und Zitrusölen im Auto aufgehängt, sorgt für einen klaren Kopf und anhaltende Wachsamkeit.

ZUTATEN

*Minze, Orangen- und Zitronenschale, Rosmarin, Thymian, Veilchenwurzelpulver, Zitronenkraut*
*Kampferöl*
*Zitronenöl*

*RECHTS: Ein Duftkissen, mit Potpourri gefüllt, findet im Haushalt vielseitige Verwendung.*

# LOTIONEN GEGEN INSEKTEN

Viele Pflanzen haben insektenabwehrende Eigenschaften. In Indien werden seit Jahrhunderten die Blätter des Paternosterbaums gegen Motten und anderes Ungeziefer verwendet, und in den Ländern des Nordens leistet der Gagelstrauch *(Myrica gale)* die gleichen guten Dienste.

Auch aus unseren heimischen Gartenpflanzen lassen sich Lotionen gegen Mücken und andere Insekten herstellen. Ein starker Aufguß aus Holunderblättern, Schafgarbe und Wermut ist ein uraltes Hausmittel, und eine Mutterkraut-Tinktur ist ebenso effektiv. Die ätherischen Öle von Lavendel, Zitronenmelisse und Zitronengras (Zitronenöl) sollten ebenfalls in keiner Hausapotheke fehlen. Reines Lavendelöl von guter Qualität kann unverdünnt auf die Haut getupft werden, während Sie Zitronenöl mit einem pflanzlichen Basisöl verdünnen sollten.

***Holunder-Schafgarbe-Lotion***

1 Handvoll frischer Schafgarbe und 2 Handvoll Holunderblätter in einen Krug geben, mit 300 ml kochendem Wasser überbrühen und 1 Stunde ziehen lassen. Abseihen und in eine kleine Sprühflasche füllen, die Sie überallhin mitnehmen können. Innerhalb von 2–3 Tagen verbrauchen; den Rest wegschütten.

RECHTS: *Mückenstiche mit einer Handvoll Basilikum- oder Zitronenmelisseblätter einreiben.*

***Wermutlotion***

ZUTATEN

*15 g getrocknete Wermutblätter*
*300 ml kochendes Wasser*
*8 Tropfen Lavendelöl oder*
*1 EL Lavendeltinktur*
*2 EL Wodka*

Wermut in einen Krug geben und mit kochendem Wasser überbrühen. 1 Stunde ziehen lassen, abseihen und die anderen Ingedienzien zugeben. Der Alkohol konserviert, aber die Lotion trotzdem kühl lagern.

OBEN: *Lotionen mit Gartenkräutern wirken hervorragend gegen Insekten.*

— VORSICHT —

Kräuter sind hochwirksam, deshalb Lotionen auf Kräuterbasis zuerst an einer kleinen Hautstelle auf allergische Reaktionen testen. Nicht in Augennähe bringen. Für Schwangere und Kinder unter fünf Jahren nicht geeignet.

# KERZEN GEGEN INSEKTEN

Es ist nicht schwer, Kerzen herzustellen. Mit dem Duft von Lavendel- oder Zitronenöl angereichert, vertreiben sie an Sommerabenden im Garten die lästigen Insekten.

MATERIAL

*150 g Paraffin*
*15 g Sterin*
*kleine und große Kasserolle*
*Schere*
*Kerzendocht*
*Gußform für die Kerze*
*Dichtungsmittel für die Gußform*
*Wachsfarbstäbchen*
*15–20 Tropfen Zitronen- oder Lavendelöl*

**1** Paraffin und Sterin im Wasserbad in einem Topf mit Ausguß schmelzen.

**2** Docht abschneiden, ca. 5 cm länger als die Höhe der Gußform. Ins geschmolzene Wachs tauchen, durch das Bodenloch der Form fädeln, das Ende an einem Stöckchen befestigen und quer über die obere Kante legen. Docht strammziehen und Loch abdichten.

*LINKS: Kerzen mit Duftöl vertreiben Insekten beim Essen im Freien.*

**3** Geschmolzenes Wachs noch 2–3 Minuten auf dem Ofen lassen, bis es eine Temperatur von rund 80°C hat. Wachsfarbstäbchen eintauchen und rühren, bis die gewünschte Schattierung erreicht ist. Leicht abkühlen lassen, dann Zitronen- oder Lavendelöl zufügen.

**4** Wachs in die Gußform füllen, erstarren lassen, dann ein paarmal leicht aufklopfen, damit Luft entweicht. Beim Abkühlen entsteht eine Mulde. 2 Stunden ruhen lassen, dann die Mulde mit geschmolzenem Wachs füllen.

# VIERTES KAPITEL

# KRÄUTERKOSMETIK

*„Nimm zu dir Spezerei: Balsam, Stakte, Galban und reinen Weihrauch … und mache Räucherwerk daraus, nach der Kunst des Salbenbereiters gemengt.“*
2. BUCH MOSE, 30: 34–5

Viele alte Heilpflanzenbücher enthalten Ratschläge für die kosmetische Verwendung von Kräutern, und die Herstellung von Duftwässerchen war früher Aufgabe der Apotheker. Die Rezepte in diesem Kapitel dienen nicht nur der Schönheitspflege, sondern spielen auch eine Rolle bei der kosmetischen und medizinischen Behandlung geringfügiger Probleme. Sie fördern die Gesundheit allein schon dadurch, daß sie das allgemeine Wohlgefühl verbesssern.

*OBEN: Ein Duftwasser aus Rosenblüten, das die Haut beruhigt.*

*LINKS: Kräuter und Blüten liefern das Grundmaterial für einfache, aber wirkungsvolle kosmetische Präparate.*

# DUFTBEUTEL FÜR DIE BADEWANNE

Früher wurde nicht nur aus hygienischen, sondern auch aus medizinischen Gründen gebadet. Gervase Markhams Ratgeber „Countrey Contentments“ (1623) enthält Anleitungen für Heilbäder, darunter eines, das die Haut klärt und dem Körper wohltut. Er empfiehlt, Kräuter in Milch zu sieden und eine oder zwei Stunden in dem Aufguß zu stehen oder zu sitzen.

Einfacher und praktischer läßt sich ein Kräuterbad genießen, wenn Sie wiederverwendbare Stoffbeutel mit Zugband am Wasserhahn aufhängen, während das Wasser in die Wanne einläuft. Auf diese Weise gelangen keine Kräuterreste in den Abfluß.

***Duftbeutel für die Badewanne***

Sie können die aromatischen Kräuter nach Belieben mischen oder sich an der Liste auf der gegenüberliegenden Seite orientieren.

MATERIAL

*Kaliko oder feiner Baumwollstoff, 25 x 25 cm*
*Lineal*
*Schneiderkreide*
*Nähmaschine*
*farblich passendes Nähgarn*
*Leinenband, 70 cm*
*Sicherheits- oder Ziernadel*

**1** Stoff 6 cm breit umsäumen. 3 cm von der Falzkante entfernt eine Linie markieren. An dieser Linie und an der Saumkante entlangnähen, so daß ein Tunnel entsteht.

**2** Leinenband durch den Tunnel zwischen den beiden Nähten fädeln. Stoff rechts auf rechts zur Hälfte zusammenlegen. Kanten nähen, dabei den Tunnel offenlassen.

*LINKS: Bei hartem Wasser 1 EL feines Hafermehl zusätzlich in den Duftbeutel geben.*

**3** Beutel nach rechts wenden. Mit frischer Kräutermischung füllen und Band zuziehen.

*RECHTS: Für ein revitalisierendes Bad einen mit Kräutern gefüllten Duftbeutel an den Wasserhahn hängen, während das Wasser einläuft. Danach 1 Kilo Meersalz ins Badewasser einrühren. 10 Minuten hineinsetzen, dann die Haut mit dem Duftbeutel abrubbeln, dem Sie ein paar Seifenspäne zugefügt haben. Zum Schluß eiskalt abduschen.*

**—BADEZUSÄTZE AUS KRÄUTERN—**

ENTSPANNEND: Kamillenblüten und -blätter.

REVITALISIEREND: Fichtennadeln, Pfefferminze, Rosmarin, Zitronenthymian.

DURCHBLUTUNGSFÖRDERND: Brennesseln. Sie brennen nicht mehr, sobald sie in heißem Wasser eingeweicht werden.

BEI SCHMERZEN: Beinwellblätter mit 1 EL gemahlenem Ingwer.

BEI ERKÄLTUNGEN: Beinwell, Hauslauch, Wiesen-Frauenmantel, Eibisch. Zusätzlich eine Tasse Apfelessig ins Badewasser geben.

# BADEÖLE UND LOTIONEN

Ein Kräuterbad hat nicht nur eine heilende Wirkung, sondern entspannt auch Körper und Geist. Statt frischer Kräuter im Duftbeutel können Sie auch ätherische Öle direkt ins Badewasser geben, ungefähr 5 Tropfen auf ein Vollbad, jedoch nicht bei laufendem Wasser, weil das Aroma verfliegt.

### *Badeöl aus Milch, Honig und Rosmarin*

Milch ist für seine reinigende und feuchtigkeitsspendende Wirkung auf die Haut bekannt. Mit einem Klecks Shampoo als Zusatz wird daraus ein Badeöl, das keinen Fettrand in der Wanne hinterläßt.

ZUTATEN
*2 Eier*
*3 EL Rosmarin-Kräuteröl*
*2 TL Honig*
*2 TL Babyshampoo*
*1 EL Wodka*
*150 ml Milch*

Eier und Öl verrühren, dann die anderen Zutaten zufügen und gründlich vermischen. In eine sterile Glasflasche füllen. 2–3 EL ins Badewasser geben; den Rest im Kühlschrank aufbewahren und in wenigen Tagen verbrauchen.

OBEN: *Rosmarin hat einen belebenden Duft und ist reich an ätherischen Ölen.*

**— THERAPEUTISCHE BADEÖLE —**

2 oder 3 ätherische Öle mit 50 ml Mandel- oder Jojobalöl als Grundsubstanz mischen. 20 Tropfen der Ölmischung ins Badewasser geben.

BEI STRESS: Jeweils 10 Tropfen Majoran, Lavendel und Sandelholz.

BELEBEND: 5 Tropfen Rosmarin, 5 Tropfen Kampfer, 20 Tropfen Pfefferminze.

BEI GRIPPE UND ERKÄLTUNGEN: Je 10 Tropfen Eukalyptus, Thymian und Lavendel.

BEI ARTHRITIS: 30 Tropfen Eukalyptus.

RECHTS: *Badelotion mit Honig und Rosmarinöl macht die Haut seidenweich und glatt.*

### Bodylotion mit Kokosöl und Orangenblüten

Diese cremige Lotion enthält wertvolle Nährstoffe für trockene Haut. Weizenkeimöl ist reich an Vitamin E und schützt die Hautzellen vor einer vorzeitigen Alterung.

ZUTATEN
*50 g Kokosöl*
*4 EL Sonnenblumenöl*
*2 TL Weizenkeimöl*
*10 Tropfen Orangenblütenessenz oder*
*5 Tropfen Neroliöl*

1 Kokosöl langsam im Wasserbad erwärmen. Sonnenblumen- und Weizenkeimöl unterrühren.

2 Abkühlen lassen, dann Essenz oder Neroliöl einrühren und in ein Glas abfüllen. Die Lotion wird nach ein paar Stunden fest.

*RECHTS: Die Kokos-Orangen-Lotion enthält wertvolle Nährstoffe für die Haut.*

# KAMILLE-DAMPFBAD: REINIGUNG FÜRS GESICHT

Ein Dampfbad bewirkt eine Tiefenreinigung der Haut. Die Hitze erweitert die Poren und fördert die Durchblutung. Mit einem Kräuterzusatz wird die stimulierende und antiseptische Wirkung verstärkt. Die Poren sollten danach durch Auftragen eines gekühlten, auf Ihren Hauttyp abgestimmten Gesichtswassers oder einer Gesichtsmaske geschlossen werden. Bei geplatzten Äderchen/Besenreisern ist ein Dampfbad nicht zu empfehlen.

LINKS: *Kamille reinigt sanft, eignet sich daher für die meisten Hauttypen und hat ein frisches Apfelaroma.*

UNTEN: *Ein Dampfbad entspannt und macht die Haut weich. Sie können einen Aufguß aus getrockneten Kräutern herstellen oder frische Kräuter in kochendes Wasser geben.*

ZUTATEN

*40 g frische oder 15 g getrocknete Kamillenblüten*
*600 ml kochendes Wasser*

Frische oder getrocknete Blüten mit kochendem Wasser überbrühen. 30 Minuten stehenlassen, dann abseihen. Aufguß wieder erhitzen und in eine Schüssel gießen. Kopf und Gefäß mit einem Handtuch bedecken, Gesicht im Abstand von rund 30 cm für ca. 30 Sekunden darüber halten. Zwei- bis dreimal wiederholen.

— *VARIATION* —

Schneller geht es, wenn Sie frische Kamillenblüten und -blätter direkt in heißes Wasser streuen. Sie können auch Majoran, Minze, Ringelblumen oder Rosenblätter verwenden. Für einen besonders intensiven Duft ein paar Tropfen ätherisches Öl, z. B. Lavendel, ins Wasser geben.

# MASKEN

Kräutergesichtsmasken straffen die Haut und verleihen ihr ein seidenweiches, frisches Aussehen. Sie wirken gegen Mitesser, verfeinern die Poren und beruhigen die Haut.

RECHTS: *Hafermehl sorgt für eine natürliche Tiefenreinigung, Weizenkeimöl, Honig und Eigelb enthalten Nährstoffe für trockene Haut.*

UNTEN: *Fettige Haut wird durch die adstringierende Wirkung von Salbei, Petersilie und Zitronensaft verbessert.*

### *Beinwell-Rosenwasser-Maske für trockene Haut*

ZUTATEN

*6 Beinwellblätter*
*150 ml kochendes Wasser*
*2 EL feines Hafermehl*
*1 Eigelb*
*1 TL Honig*
*1 TL Rosenwasser*
*5 Tropfen Weizenkeimöl*
*ein paar Tropfen Milch oder Joghurt zum Mischen*

Beinwellblätter mit kochendem Wasser überbrühen, abkühlen lassen und abseihen. 1 EL davon mit den anderen Ingredienzien zu einer glatten Paste verrühren. Gleichmäßig auf die trockene Haut auftragen. 10–15 Minuten einwirken lassen, dann abwaschen.

### *Petersilien-Salbei-Maske für fettige Haut*

Die Maske hat eine austrocknende Wirkung und sollte nicht zu oft aufgetragen werden.

ZUTATEN

*15 g frische Petersilie*
*15 g frischer Salbei*
*300 ml kochendes Wasser*
*2 EL feines Hafermehl*
*1 EL Bleicherde (Fullererde)*
*1 Eiweiß*
*1 TL Zitronensaft*

Petersilie mit kochendem Wasser überbrühen, abkühlen lassen und abseihen. 2–3 EL von diesem Aufguß mit den anderen Ingredienzien zu einer glatten Paste verrühren. 15 Minuten einwirken lassen.

# Gesichtswasser

Ein Aufguß aus Kräutern und Blüten ist ein erfrischendes Gesichtswasser, das nach Entfernen einer Gesichtsmaske oder des Make-ups mit Wattebällchen aufgetragen wird. Beide Gesichtswasser sollten kühl aufbewahrt und bald verbraucht werden.

### *Rosenwasser für empfindliche Haut*

Hierfür eignen sich alle duftenden, nicht mit Pestiziden behandelten Rosensorten. Rosafarbene oder rote sind besonders farbintensiv.

Zutaten

*40 g frische Rosenblätter*
*600 ml kochendes Wasser*
*1 EL Apfelessig*

Rosenblätter in eine Schüssel geben, mit kochendem Wasser überbrühen und Apfelessig zufügen. Zugedeckt 2 Stunden ziehen lassen, dann in eine sterile Flasche abseihen.

*Rechts: Dunkelrote Rosen sind besonders farbintensiv (links). Für das Gesichtswasser rechts wurden Holunderbeeren verwendet.*

— Variation —

**Holunderblüten-Gesichtswasser für trockene Haut**

Zutaten

*25 g getrocknete Holunderblüten*
*600 ml kochendes Wasser*

### Ringelblumenmilch bei Hautentzündungen und geplatzten Äderchen

Ringelblumen beruhigen und lindern. Die geplatzten Äderchen verschwinden nicht, aber dank der kühlenden Wirkung verbessert sich das Hautbild. Sonne, extreme Temperaturen und Alkoholkonsum sind in solchen Fällen Gift.

ZUTATEN

*6–8 Ringelblumenblüten*
*300 ml Milch*
*3 Tropfen Benzoin-Tinktur*
*1 TL Ringelblumenöl*

1 Blätter abzupfen und in einen Emailtopf geben. Mit Milch übergießen, zugedeckt rund 30 Minuten köcheln.

2 Vom Herd nehmen; Benzoin-Tinktur und Ringelblumenöl einrühren. Abkühlen lassen, dann in einen Krug abseihen.

3 Ringelblumenmilch in eine Glasflasche füllen. Im Kühlschrank aufbewahren und innerhalb von 3 Tagen verbrauchen.

OBEN: *Ringelblumenmilch mit Wattebällchen auf das Gesicht auftragen.*

—VARIATION—

**Minze-Ringelblumen-Gesichtswasser für fettige Haut**

ZUTATEN

*25 g frische Minzeblätter*
*15 g frische Ringelblumenblüten*
*600 ml kochendes Wasser*
*2 EL Wodka*

# HOLUNDERBLÜTEN-FEUCHTIGKEITSCREME

Feuchtigkeitscreme beugt trockener Haut vor, hält Falten in Schach und schützt den Teint vor Wind und Wetter. Eine hausgemachte Creme ist eine Garantie, daß die naturbelassenen Ingredienzien und Kräuter die Haut sanft pflegen. Holunderbeeren haben außerdem eine straffende Wirkung.

ZUTATEN

*15 g getrocknete Holunderblüten*
*600 ml kochendes Wasser*
*2 EL Emulsionsmittel*
*1 TL Bienenwachs*
*2 EL Mandelöl*
*1/2 TL Borax*

**1** Holunderblüten in ein Glasgefäß geben, mit kochendem Wasser überbrühen. Aufguß 30 Minuten ziehen lassen, dann abseihen. Für diese Rezeptur brauchen Sie 120 ml. Den Rest im Kühlschrank als Gesichtswasser aufbewahren.

*LINKS:* The Anatomie of the Elder *(1644) beschreibt auf 230 Seiten die Vorzüge des Holunders. Aufgrund ihrer medizinischen Wirkung wurden sämtliche Teile der Pflanze für die Herstellung von Arzneien verwendet.*

*RECHTE SEITE: Holunderblüten verleihen dieser leicht aufzutragenden Feuchtigkeitscreme ihre einzigartige kosmetische und therapeutische Wirkung.*

— *VARIATIONEN* —

Die Holunderblüten können durch andere Kräuter, z. B. Beinwell oder Ringelblumen, ersetzt werden.

**2** Emulsionsmittel, Bienenwachs und Mandelöl in eine Schüssel, Aufguß und Borax in eine zweite Schüssel geben. Beides im Wasserbad erwärmen, bis die Fette geschmolzen sind und das Borax, ein Bindemittel, aufgelöst ist.

**3** Vom Herd nehmen; Holundermischung in die gelösten Fette einrühren, bis die Konsistenz glatt ist. Abkühlen lassen, dabei gelegentlich umrühren. Die Creme vor dem Erstarren in ein Glasgefäß füllen. Sie hält sich mehrere Monate.

# KRÄUTERSHAMPOO

Kräutershampoo läßt sich am einfachsten herstellen, wenn man ein mildes Babyshampoo mit 2–3 EL Kräuteraufguß oder 2–3 Tropfen ätherischem Öl nach Wahl anreichert. Ein altes Hausmittel für die Haarwäsche ist Seifenkraut.

### *Seifenkraut-Shampoo*

Dieses Shampoo schäumt weniger als ein handelsübliches, das Detergenzien enthält, es sei denn, Sie schlagen es mit dem Schneebesen auf. Seifenkraut hat eine sanfte Reinigungswirkung und hilft bei juckender Kopfhaut und Schuppen.

ZUTATEN

*25 g Seifenkraut, frisch, Blätter und Stiele,*
*oder 15 g getrocknete Seifenkrautwurzel*
*750 ml Wasser*
*Lavendelwasser oder Eau de Cologne*

Seifenkrautstiele abbrechen, die Wurzel grob hacken, in einen Topf geben und alles ins Wasser geben. Aufkochen und 20 Minuten köcheln lassen. Abseihen, dann einen Hauch Lavendelwasser oder Eau de Cologne zufügen, da Seifenkraut kein angenehmes Aroma hat. Shampoo wie gewöhnlich benutzen.

— VORSICHT —
Seifenkraut ist leicht giftig und für die innere Anwendung ungeeignet.

OBEN: *Die Reinigungskraft des Seifenkrauts* (Saponaria officinalis) *ist auf seinen Gehalt an Pflanzenglucosin, ein natürlicher Seifenstoff, zurückzuführen.*

### *Kernseifenshampoo*

Kernseifenshampoo ist schonender als handelsübliche Shampoos, aber das Haar kann stumpf und trocken wirken. Daher kräftig mit Wasser nachspülen und eine Kräuterspülung verwenden. Legen Sie sich ein Glas mit Basisshampoo auf Vorrat zu. Dafür 115 g Kernseifenflocken in 1 Liter Quellwasser auflösen. Vor Gebrauch Kräuter zufügen.

### *Kamillen-Orangenblüten-Shampoo*

ZUTATEN

*4 EL Basisshampoo*
*1 EL Kamillenaufguß*
*5 Tropfen Neroliöl*

Kamillenaufguß, Basisshampoo und ätherisches Öl unmittelbar vor Gebrauch mischen.

UNTEN: *Ein Basisshampoo aus Kernseifenflocken ist unbegrenzt haltbar. Fügen Sie bei jeder Wäsche ätherische Öle hinzu.*

# KRÄUTERSPÜLUNGEN

Kräuterspülungen verleihen dem Haar Glanz und ein gesundes Aussehen; sie sollten vor Beginn der Haarwäsche frisch zubereitet werden. Den Kopf über eine Schüssel halten, Spülung aus einem Krug über die Haare gießen, wieder in den Krug zurückfüllen; mindestens sechsmal wiederholen.

### *Kamillenspülung für blondes Haar*

ZUTATEN

*25 g getrocknete Kamillenblüten oder*
*40 g getrocknete Blüten und Blätter*
*1 Liter kochendes Wasser*

Blüten in einen Krug geben, mit kochendem Wasser überbrühen und 1 Stunde ziehen lassen. Kräuter durch ein mit Küchenkrepp ausgelegtes Sieb abseihen.

### *Rosmarinspülung für dunkles Haar*

Rosmarin ist reich an ätherischem Öl und eignet sich auch hervorragend für trockene Haare.

ZUTATEN

*40 g frischer Rosmarin*
*1 Liter kochendes Wasser*

Wie die Kamillenspülung zubereiten. Kann häufig benutzt werden.

RECHTS: *Haare mehrmals mit der Kräuterspülung übergießen.*

### *Brennesselspülung bei Schuppen*

ZUTATEN

*25 g Brennesselblätter*
*25 g Kapuzinerkresseblüten und -blätter*
*1 Liter Wasser*
*2 EL Apfelessig*
*2 EL Hamamelis*

Kapuzinerkresse und Brennessel mit kochendem Wasser übergießen. Über Nacht ziehen lassen, dann die Kräuter abseihen; Essig und Hamamelis zugeben. Nach jeder Haarwäsche als Spülung verwenden.

### *Lotion bei Schuppen und trockener, juckender Kopfhaut*

ZUTATEN

*115 g frische gemischte Kräuter: Brennessel, Eberraute, Kapuzinerkresse, Lavendel, Ringelblume, Rosmarin, Thymian*
*1 Liter Wasser*
*120 ml Wodka*

Kräuter und Wasser in einen Emailtopf geben und 40 Minuten köcheln lassen. Acht Stunden ziehen lassen. Abseihen und Wodka zufügen. Mit Watte auf die Kopfhaut auftragen.

# HANDPFLEGE

Garten- und Hausarbeit fordern ihren Tribut. Diese Maske aus Gartenrosen ist Balsam für strapazierte Hände.

### *Rosenaufguß*

Vor der Zubereitung der Maske herstellen.

ZUTATEN

*eine große Handvoll Rosenblüten, duftende Sorte*
*600 ml kochendes Wasser*
*2 EL Wodka*

Blüten in eine Schüssel geben, mit kochendem Wasser überbrühen. Nach 30 Minuten Wodka zugeben und abseihen.

### *Rosenmaske für die Hände*

Diese Maske verbessert nicht nur die Hautstruktur, sondern zwingt Sie auch, sich 15 Minuten zu entspannen. Danach die Hände mit der Rosenlotion eincremen.

ZUTATEN

*3 EL Hafermehl, mittelfein oder fein*
*2 EL Rosenaufguß oder dreifach destilliertes Rosenwasser*
*1 TL Mandelöl*
*1 TL Zitronensaft*
*1 TL Glyzerin*

UNTEN: *Für ein kräftiges Aroma eine stark duftende Rosensorte wählen.*

1 Alle Ingredienzien zu einer weichen Paste verrühren. Falls nötig, mit mehr Aufguß verdünnen.

2 Wählen Sie einen Raum, wo Sie ungestört sind und sich entspannen können; dann die Maske auf Handrücken und Finger auftragen. 15 Minuten einwirken lassen.

3 Unter fließendem warmen Wasser abspülen; die Haut fühlt sich weich und glatt an. Großzügig mit Rosen-Handlotion eincremen.

### ***Rosenlotion***

Die Lotion sollte in kleiner Menge hergestellt und möglichst innerhalb einer Woche verbraucht werden. Obwohl sie sich zunächst klebrig anfühlt, werden die Hände seidenweich. Vor Gebrauch schütteln!

ZUTATEN
*6 EL Glyzerin*
*2 EL Rosenaufguß*
*2 TL dreifach destilliertes Rosenwasser*
*2 TL Reismehl*

Glyzerin, Rosenaufguß und Rosenwasser mischen, dann Reismehl zugeben und glattrühren.

*RECHTS: Eine Lotion mit Rosenwasser und Glyzerin sorgt für gepflegte Hände.*

*UNTEN: Für den Rosenaufguß werden die duftenden Blüten überbrüht.*

# KRÄUTERFUSSBAD

Es gibt nichts Heilsameres für müde Füße als ein duftendes Kräuterfußbad. Es weckt die Lebensgeister, während die Wärme gleichzeitig Körper und Geist entspannt. Mit den jeweiligen Kräutern versetzt, bekämpfen sie außerdem Erkältungen und Pilzinfektionen.

RECHTS: *Bereiten Sie einen starken Aufguß zu, der in ein Behältnis mit Wasser eingerührt wird.*

UNTEN: *Ein Fußbad mit frischen Gartenkräutern wirkt revitalisierend.*

### *Kräuterfußbad bei schmerzenden Füßen*

ZUTATEN

*50g frische gemischte Kräuter: Fichtennadeln, Hauslauch, Kamillenblüten, Pfefferminze, Rosmarin, Schafgarbe*
*1 Liter kochendes Wasser*
*1 EL Borax*
*1 EL Bittersalz*

Kräuter grob hacken, in eine große Schüssel geben und mit kochendem Wasser überbrühen. Die Kräuter abseihen und in ein Gefäß mit ca. 1,75 Liter heißes Wasser geben – die Temperatur des Fußbads sollte angenehm warm sein. Borax und Bittersalz hinzufügen. Füße 15–20 Minuten hineinstellen.

### *Fußbad bei Pilzbefall*

Dieses Fußbad eignet sich besonders für alle, die viel Sport treiben. Der Apfelessig gleicht die pH-Werte der Haut aus, Myrrhe und Teebaumöl wirken gegen Pilzinfektionen.

ZUTATEN

*25g getrockneter Salbei*
*25g getrocknete Ringelblumen*
*Aloe vera, ein großes Blatt*
*1 EL Myrrhegranulat*
*2,2 Liter Wasser*
*10 Tropfen Teebaumöl*
*4 EL Apfelessig*

Kräuter und Myrrhe 20 Minuten köcheln. Leicht abkühlen lasen, abseihen. Teebaumöl und Apfelessig einrühren und in eine große Schüssel geben. Füße 15 Minuten hineinstellen. Anschließend gut abtrocknen.

### *Fußbad mit Zitronenkraut und Lavendel*

ZUTATEN

*15g getrocknetes Zitronenkraut*
*2 EL getrockneter Lavendel*
*5 Tropfen Lavendelöl*
*2 EL Apfelessig*

Zitronenkraut und Lavendel in ein Gefäß geben und mit soviel heißem Wasser übergießen, daß die Füße bedeckt sind. Abkühlen lassen, Lavendelöl und Apfelessig zufügen.

### *Senf-Fußbad*

Ein altes Hausmittel gegen Erkältungen und Schüttelfrost, das wärmt und entspannt.

ZUTATEN
*1 EL Senfpulver*
*2,2 Liter heißes Wasser*

Senfpulver ins Wasser einrühren, bis es gelöst ist. Füße ins heiße Wasser stellen. Falls nötig, wieder erhitzen.

LINKS: *Ein Fußbad revitalisiert den gesamten Körper.*

UNTEN: *Ein Senf-Fußbad ist ein altes und bewährtes Heilmittel gegen Erkältungen und Schüttelfrost.*

# MUNDWASSER UND ZAHNPULVER

Kräuter sorgen für frischen Atem und makellos saubere Zähne. Gervase Markham empfiehlt in seinem Werk *Country Contentments* (1623), fein zerstoßenen Salbei und Salz als Pulver bei „gelben Zähnen" zu benutzen.

***Salbei-Salz-Zahnpulver***

ZUTATEN

*25g frische Salbeiblätter*

*4 EL Meersalz*

**1** Salbeiblätter mit der Schere in eine feuerfeste Form schnippeln.

**2** Mit einem Holzlöffel oder Stößel Salz und Blätter verreiben. Bei niedrigster Temperatur ca. 1 Stunde im Ofen trocknen, bis die Mischung knistert.

UNTEN: *Zum Reinigen der Zähne werden traditionsgemäß Salbei und Salz kombiniert.*

**3** Mischung zu Pulver verarbeiten. Auf der angefeuchteten Zahnbürste statt Zahnpasta verwenden.

— *VARIATION* —

Für eine mildere Wirkung das Salz durch 1 EL Veilchenwurzelpulver ersetzen.

### *Salbei-Myrrhe-Lotion bei Mundgeschwüren*

ZUTATEN

*1 EL getrockneter Salbei*
*300 ml kochendes Wasser*
*2 TL Myrrhe-Tinktur*

Salbeiblätter in einen Krug geben, mit kochendem Wasser überbrühen. 20 Minuten ziehen lassen. Abseihen und die Myrrhe-Tinktur zufügen. Als Mundspülung verwenden.

**—EINFACHE ZAHNPFLEGEMITTEL—**

SALBEI: Zähne mit frischen Salbeiblättern abrubbeln. ZITRONENSCHALE: Zähne mit Zitronenschale abreiben, um Verfärbungen zu entfernen.

OBEN: *Im Orient ist es üblich, Kerne und Gewürze zu kauen, die den Atem erfrischen.*

**—EINFACHE MITTEL FÜR EINEN FRISCHEN ATEM—**

BRUNNENKRESSE, MINZE, PETERSILIE: Nach einer knoblauchhaltigen Mahlzeit die frischen Blätter kauen.

ANGELIKA, FENCHELSAMEN, GEWÜRZNELKEN, KALMUSWURZEL, KÜMMEL, STERNANIS ODER ZIMTSTANGE: Nach dem Essen lutschen oder kauen.

ROSENWASSER: Für eine Mundspülung im Verhältnis 1:1 mit Wasser verdünnen.

LAVENDELAUFGUSS: Mit 1 EL getrocknetem Lavendel auf 300 ml Wasser herstellen und als Mundspülung verwenden.

### *Würziges Zitronenkraut-Mundwasser*

Ein hausgemachtes Kräutermundwasser ist nicht nur schonend, sondern durch das Zitronenkraut ein besonderer Genuß.

ZUTATEN

*Jeweils 1 TL gemahlene Muskatnuß,*
*gemahlene Gewürznelken,*
*Kardamomkapseln und Kümmelsamen*
*Zitronenkrautblätter, frisch, eine kleine*
*Handvoll oder 15 g getrocknete*
*600 ml destilliertes Wasser*
*2 EL süßer Sherry*

Gewürze und Zitronenkraut mit dem Wasser in einen Topf geben. 30 Minuten köcheln. Durch ein mit Küchenkrepp ausgelegtes Sieb abseihen, Sherry zufügen und in eine saubere Flasche füllen. Vor Gebrauch im Zahnputzbecher mit 1–2 EL Wasser verdünnen.

UNTEN: *Petersilienstengel* (LINKS) *oder Brunnenkresse kauen, sorgen für frischen Atem.*

# Potpourri

Natürliche Pflanzendüfte sind gesundheitszuträglicher und verdecken Gerüche besser als chemische Frischluftsprays, die bei empfindlichen Menschen Kopfweh und Abgeschlagenheit verursachen können.

Obwohl es überall fertige Duftpotpourris zu kaufen gibt, enthalten viele künstliche Farbstoffe und synthetische Parfums, die wenig zur Revitalisierung körperlicher und geistiger Kräfte beitragen. Eigene Potpourris aus Duftpflanzen und ätherischen Ölen herzustellen macht Spaß und ist kinderleicht.

Rosen, Nelken, Bergamotte (Blüten und Blätter), Kamille, Pfingstrosen, Jasmin, Borretsch und Lavendel eignen sich hervorragend. Bei den Kräutern haben Sie die Wahl zwischen Zitronenkraut, Zitronenmelisse, Minze, Basilikum, Majoran, Thymian, Rosmarin oder Angelikasamen und -blättern. Wenn Sie die Pflanzen nicht im Garten anbauen, können Sie die getrockneten Ingredienzien in Reformhäusern und großen Supermärkten finden.

### *Blüten und Kräuter sammeln*

Pflanzen für das Duftpotpourri sollten immer an einem trockenen Tag gesammelt werden. Vor allem Rosen verlieren Farbe und Form, wenn man sie bei Nässe schneidet.

### *Trocknen*

Die Blütenblätter der Rosen abzupfen und auf Zeitungspapier ausgebreitet an einem warmen Platz trocknen. Nicht der prallen Sonne aussetzen, da die Blüten sonst ausbleichen. Grüne Kräuter können genauso behandelt werden.

### *Gewürze, Öle und Fixiermittel*

Gewürze gewährleisten einen dauerhaften Duft des Potpourris. Zur Wahl stehen Gewürznelken, Koriander (gemahlen), Nelkenpfeffer, Muskatnuß und Zimt. Ätherische Öle ergänzen und verstärken den Duft der getrockneten Pflanzen. Achten Sie beim Kauf auf gute Qualität. Veilchenwurzelpulver, aus dem Wurzelstock der Florentinischen Schwertlilie gewonnen, fixiert den Duft am wirksamsten.

LINKS: *Rosenblüten sind in Potpourris seit jeher beliebt. Für den natürlichen Duft werden sie mit getrockneten grünen Kräutern gemischt.*

RECHTS: *Gewürze, ätherische Öle und Veilchenwurzelpulver verstärken den Duft getrockneter Kräuter und Blüten.*

### *Rosen-Potpourri*

ZUTATEN

*3 Tassen Rosenblüten, getrocknet*
*2 Tassen gemischte Blüten, getrocknet*
*1 EL Lavendel, getrocknet*
*1 Tasse gemischte Kräuter, getrocknet: Angelika, Majoran, Minze und Thymian*
*1 TL Gewürznelken*
*1/2 TL Nelkenpfeffer, gemahlen*
*2 TL Veilchenwurzelpulver*
*5 Tropfen Bergamotteöl*
*5 Tropfen Sandelholzöl*

Alle Ingredienzien gründlich mischen und in einem luftdicht verschlossenen Behältnis 2–3 Wochen an einem trockenen, warmen Platz stehen lassen; gelegentlich schütteln.

RECHTE SEITE: *Potpourris sollten in einer Schale mit Deckel aufbewahrt werden, den Sie nur dann abnehmen, wenn Sie den Raum parfümieren möchten.*

# Duftkugeln

Bis ins 17. Jahrhundert hatte jeder „Kräuterdoktor“ sein eigenes Rezept für die Herstellung von Duftkugeln, von denen man glaubte, daß sie Krankheiten abwehren. Ursprünglich wurde eine Trägersubstanz aus aromatischem Harz mit intensiven „Riechstoffen“ tierischen Ursprungs parfümiert, z.B. Zibet, Moschus und Ambra, und mit pulverisierten Kräutern, Essenzen, und einem „geheimen“ Ingredienz, beispielsweise gemahlenen Perlen, nach Augenmaß angereichert.

Diese exotischen Mischungen, oft in juwelenbesetzten Schatullen aufbewahrt, waren als Schutz gegen die Pest und andere tödliche Infektionskrankheiten sehr begehrt und teuer. Als billigere Alternative dienten Äpfel oder Orangen, die mit verschiedenen Gewürzen gespickt waren. Letztere sind als nelkengespickte Gewürzkugeln ein zeitloser Klassiker.

Zitrus-Duftkugeln wirken entspannend und wehren, im Schrank aufgehängt, Motten und Insekten ab. Bei sorgfältiger Zubereitung bewahren sie mehrere Jahre ihr Aroma.

Normalerweise nimmt man Orangen zum Spicken, aber Sie können auch andere Zitrusfrüchte, z. B. wie Limonen oder Kumquats, für Mini-Duftkugeln verwenden.

MATERIAL

*6–8 Kumquats*
*Stricknadel, dünn*
*25 g Gewürznelken*
*2 TL Zimt, gemahlen*
*1 TL Veilchenwurzelpulver*

**1** Für die Gewürznelken mit der Stricknadel eine Reihe Löcher in die Schale bohren.

**2** In jedes Loch eine Gewürznelke drücken; die Schale ganz bedecken oder Lücken zwischen den Reihen lassen.

*RECHTS: Mini-Duftkugeln aus Kumquats sind ein originelles Geschenk.*

*RECHTE SEITE: Duftkugeln schrumpfen nach dem Trocknen und werden steinhart.*

**3** Zimt und Veilchenwurzelpulver auf Wachspapier mischen. Die mit Nelken gespickten Kumquats in der Mischung rollen, überschüssiges Material abklopfen. Auf ein Papptablett legen und an einem warmen Platz völlig austrocken lassen, was rund 2–3 Wochen (5–6 Wochen bei großen Orangen) dauert.

# FÜNFTES KAPITEL

# DIE INGREDIENZIEN

*„Oh, grosse Kräfte sind's, weiss man sie recht zu pflegen, die Pflanzen, Kräuter, Stein in ihrem Innern hegen."*
William Shakespeare, *Romeo und Julia* (1599)

In diesem Kapitel sind die verwendeten Ingredienzien aufgelistet. Die meisten Kräuter lassen sich problemlos im Garten oder auf dem Balkon ziehen. Gewürze, Harze und andere Zutaten werden ebenfalls kurz beschrieben und sind in großen Supermärkten und Reformhäusern erhältlich.

*Oben: Gartenpflanzen, z. B. Rosen und Lavendel, liefern die Grundsubstanz für viele kosmetische und therapeutische Produkte.*

*Links: Schnittlauch säumt einen Kräutergarten mit seinen Ingredienzien für die alten, überlieferten Hausmittel.*

# KRÄUTER

### *Achillea Millefolium*
Schafgarbe

Das Heilkraut ist das Unkraut, nicht die Schmuckachillea. Es wurde als Hausmittel bei Schnittwunden und Blutungen benutzt, eine Tradition, die auf den Trojanischen Krieg zurückgeht; der Name leitet sich von Achilles ab. Auch heute hat es noch seinen Platz in der Hausapotheke, vor allem bei der Behandlung von Erkältungen und Katarrh.

Verwendete Teile: Blätter und Blütenstiele.

Medizinische Anwendung: Als Aufguß bei Erkältungen und allergischer Nasenschleimhautentzündung oder zum Inhalieren in kochendes Wasser geben. Auch bei Insektenstichen und Kopfschmerzen.

Vorsicht: Schafgarbe kann Hautausschläge verursachen. Während der Schwangerschaft vermeiden.

### *Allium Sativum*
Knoblauch

Knoblauch war schon in der Antike bekannt und wurde in Tut-ench-Amuns Grab als Beigabe gefunden. Er gilt seit Jahrhunderten als medizinisches und kulinarisches Kraut und hat viel Aberglauben angezogen.

Kultur: Braucht nährstoffreiche, feuchte Erde und viel Sonne. Vermehrung durch Einpflanzen einzelner Zwiebeln im Herbst und Winter.

Verwendete Teile: Knollen.

Medizinische Anwendung: Knoblauch hat antibiotische Eigenschaften und wirkt gegen Bakterienbefall, Husten und Erkältungen. Er stimuliert das Immunsystem, schützt vor Infektionen und senkt den Cholesterinspiegel. Er kann roh oder gekocht verzehrt, zu Sirup oder Tinkturen verarbeitet werden.

### *Aloe Vera syn. Aloe Barbadensis*
Aloe Vera

Heute Bestandteil vieler moderner kosmetischer und pharmazeutischer Produkte, wurde Aloe Vera schon bei den alten Ägyptern als Heilpflanze geschätzt.

Kultur: Sie ist nicht gegen Frost gefeit und kann in kühlen Klimazonen nur während der Sommermonate im Freien bleiben. Sie gedeiht jedoch als Zimmerpflanze.

Verwendete Teile: Saft und Blätter.

Medizinische Anwendung: Der Saft lindert Entzündungen und fördert die Heilung. Die Blätter aufschlitzen und das Gel direkt auf trockene Hautpartien, Ekzeme, Hautreizungen, Ausschlag, Brandwunden, Sonnenbrand, Insektenstiche und Fußpilz auftragen.

### *Anethum graveolens*
Dill

Dill ist schon seit Urzeiten als Heilpflanze bekannt. Von Plinius wurde sie als Arznei bei vielen Krankheiten erwähnt.

Kultur: Eine einjährige Pflanze, die aus Samen, am besten ohne Ortswechsel gezogen wird, da sie Erschütterungen nicht mag.

Verwendete Teile: Blätter und Samen.

Medizinische Anwendung: Als Verdauungstee (aus Dillsamen) bei Koliken im Säuglingsalter. Er hat gleichzeitig eine milde sedative Wirkung.

Kulinarische Anwendung: Blätter und Samen werden, vor allem in der skandinavischen Küche, zum Würzen vieler Gerichte benutzt, z. B. Schalentiere, Eier, Blattsalat und Gemüse.

### *Angelica Archangelica*

Angelika

Der Name zeigt, wie angesehen das Kraut früher als Mittel gegen Hexerei und Krankheiten aller Art war. Heute sind die kulinarischen Anwendungen genauso wichtig wie die medizinischen.

Kultur: Die zweijährige Pflanze wird 1,5–2,4 Meter hoch und gedeiht am besten in nährstoffreicher, feuchter Erde. Sie ist winderhart, und die Vermehrung erfolgt durch Selbstaussaat.

Medizinische Anwendung: Angelika hat entzündungshemmende Eigenschaften und wird für Breiumschläge bei rheumatischen Beschwerden und Sonnenbrand benutzt. Aus Samen oder Blättern läßt sich ein Verdauungstee zubereiten. Chinesische Angelika *(A. sinensis)* wirkt stärkend und enthält Vitamin A und B.

Kulinarische Anwendung: Junge frische Stengel, zusammen mit Rhabarber und anderem Obst gekocht, mindern den Säuregehalt.

Aromatische Anwendung: Getrocknet für Duftpotpourris.

### *Anthriscus Cerefolium*

Kerbel

Von den Römern nach Britannien gebracht, ist dieses Kraut heute in vielen Teilen der Welt heimisch geworden. Der leichte Anisgeschmack wird vor allem in der französischen Küche geschätzt.

Kultur: Eine pflegeleichte einjährige Pflanze, die aus Samen gezogen wird. Eine zeitlich versetzte Aussaat garantiert einen Vorrat für die meisten Monate des Jahres. Da sie keinen Standortwechsel verträgt, sollte der Samen im endgültigen Behältnis oder im Beet angezogen werden.

Verwendete Teile: Blätter.

Medizinische Anwendung: Kerbel wirkt belebend, blutreinigend und verdauungsfördernd.

Kulinarische Anwendung: Als Beigabe zu Eier- und Fischgerichten, Blattsalaten und Saucen. Ein wichtiger Bestandteil der *fines herbes* (Mischung aus frischen Kräutern wie Petersilie, Schnittlauch, Kerbel und Estragon).

### *Arnica Montana*

Arnika (Bergwohlverleih)

Nordeuropäischen Ursprungs, war Arnika seit dem 16. Jahrhundert in Deutschland ein beliebtes Mittel gegen Herzbeschwerden.

Kultur: Als Alpengewächs zieht Arnika kühle, gut dränierte Erde vor. Die Vermehrung erfolgt durch Samen oder Teilung.

Verwendete Teile: Blüten und Wurzeln.

Medizinische Anwendung: Überwiegend als Salbe bei Prellungen und Verstauchungen. Wiederholter Gebrauch kann allergische Reaktionen auslösen. Niemals auf offene Hautstellen auftragen.

### *Artemisia Abrotanum*

Eberraute (Stabwurz)

Die Pflanze hat einen frischen Zitronenduft und insektenabwehrende Eigenschaften. In Frankreich wurde sie *garde robe* genannt, da sie für Duftkugeln gegen Motten verwendet wurde. Sie war außerdem Bestandteil von Duftsträußen, die man als Schutz vor Infektionskrankeiten bei sich trug.

Kultur: Die strauchähnliche einjährige Pflanze, die 1 Meter hoch werden kann, ist eine ideale Hecke im Kräutergarten. Sie gedeiht in jeder Erde, bevorzugt aber ein sonniges Plätzchen. Die Vermehrung erfolgt durch Stecklinge.

Verwendete Teile: Blätter.

Medizinische Anwendung: Eberraute hat antiseptische Eigenschaften und wird in Produkten gegen Schuppen und Haarausfall verwendet.

Aromatische Anwendung: Die getrockneten Blätter werden Duftpotpourris beigefügt.

*Artemisia Absinthum*

Wermut

Im alten Griechenland und Rom wurde Wermut als Gegenmittel bei einer Schierlingsvergiftung hoch geschätzt. Seine insektenabwehrenden Eigenschaften waren ebenfalls bekannt. Thomas Tusser empfahl ihn in einem sich reimenden Kalender der Gartenarbeiten (1577) als Mittel gegen Flöhe.

Kultur: Der silberblättrige Strauch, der 1 Meter hoch werden kann, braucht gut dränierte Erde und läßt sich problemlos durch Teilung vermehren.

Verwendete Teile: Blätter.

Medizinische Anwendung: Wermut hat antiseptische und antibakterielle Eigenschaften. Er kann als Aufguß für eine Lotion gegen Insekten verwendet werden.

**Vorsicht:** Nicht während der Schwangerschaft benutzen.

*Borago Officinalis*

Borretsch

Borretsch mit seinen blauen sternförmigen Blüten wurde von alters her mit Mut und Lebensfreude in Verbindung gebracht. Inzwischen ist wissenschaftlich erwiesen, daß er die Nebennierentätigkeit und die Ausschüttung von Adrenalin stimuliert. Er enthält Vitamin C, Kalzium und Kalium.

Kultur: Die einjährige Pflanze läßt sich problemlos aus Samen ziehen und braucht gut dränierte Erde; in feuchter Erde wird sie größer. Die Vermehrung erfolgt manchmal durch Selbstaussaat.

Verwendete Teile: Blätter, Blüten, Samen und ätherisches Öl.

Medizinische Anwendung: Borretsch ist ein traditioneller Bestandteil von Hustensäften. Aus Blättern und Blüten läßt sich ein Tee gegen Nervosität und Depressionen zubereiten oder ein Aufguß bei Hautreizungen.

Kulinarische Anwendung: Die Blüten können Blattsalaten, Tees und anderen Getränken beigemengt werden.

*Calendula Officinalis*

Ringelblume

Die orangefarbenen Köpfe sind ein Blickfänger in jedem Kräutergarten; sie öffnen sich bei Sonnenlicht und schließen sich, wenn die Schatten länger werden. Früher wurden sie getrocknet und für herzhafte Eintopfgerichte im Winter verwendet, aber sie haben wenig Aroma, und ihre kulinarische Bedeutung ist heute geringer als die therapeutische.

Kultur: Leicht aus Samen zu ziehen; Ringelblumen vermehren sich am besten in nährstoffarmer Erde.

Verwendete Teile: Blüten und ätherisches Öl.

Medizinische Anwendung: Die Blüten haben entzündungshemmende, antiseptische und heilungsfördernde Eigenschaften bei Hautreizungen und -verletzungen. Das ätherische Öl wirkt gegen Pilzinfektionen.

Kulinarische Anwendung: Die Blüten als Beigabe zu Blattsalaten.

**Vorsicht:** Die Ringelblumen nicht mit der Studentenblume *(Tagetes)* verwechseln, die giftig ist.

*Carum Carvi*

Kümmel

Kümmelsamen ist seit jeher ein Ingredienz für Küche und Arzneimittel und erfreute sich schon bei den alten Römern und Griechen großer Beliebtheit.

Kultur: Die zweijährige Pflanze läßt sich im Frühling und Herbst problemlos aus Samen ziehen. Sie blüht im zweiten Jahr: Dann können die samentragenden Köpfe gesammelt und zum Trocknen aufgehängt werden. Sie zieht pralle Sonne und gut dränierte Erde vor.

Verwendete Teile: Blätter und Samen.

Medizinische Anwendung: Der Samen, alleine oder mit Fenchel gemischt, erfrischt den Atem und kann nach der Mahlzeit gekaut werden.

Kulinarische Anwendung: Die jungen Blätter, die einen milderen Geschmack als der Samen haben, können Blattsalat oder Gemüsegerichten beigefügt werden. Die Samen können Sie für pikantes Backwerk, Brot, Suppen und rührgebratene Gerichte verwenden.

### *Chamaemelum Nobile*
KAMILLE

Kamille hat einen uralten Stammbaum und ein frisches Apfelaroma, vor allem nach Regen.
KULTUR: C. nobile ist eine einjährige Pflanze. Sie braucht leichte, gut dränierte, einigermaßen feuchte Erde. Die Vermehrung erfolgt im Frühjahr durch Teilung.
VERWENDETE TEILE: Blüten.
MEDIZINISCHE ANWENDUNG: Als Tee bei Magenverstimmungen und Schlafstörungen und in vielen kosmetischen Produkten.

### *Coriandrum Sativum*
KORIANDER

Schon vor mehr als 5000 Jahren in Ägypten und China angebaut, ist Koriander noch heute ein beliebtes Küchenkraut, ein wichtiger Duftstoff in der Parfumherstellung und ein bekanntes Heilkraut.
KULTUR: Die winterharte einjährige Pflanze wird aus Samen gezogen; die Aussaat erfolgt bei Frühlingsanfang. Sie mag keinen Standortwechsel, und die Keimlinge verwelken leicht an heißen, trockenen Tagen.
VERWENDETE TEILE: Blätter, Samen und ätherisches Öl.
MEDIZINISCHE ANWENDUNG: Koriander hat verdauungsfördernde Eigenschaften. Die Samen erfrischen den Atem, wenn sie gekaut werden. Das ätherische Öl wirkt gegen Pilzbefall und Bakterien.
KULINARISCHE ANWENDUNG: Blätter und Samen werden in der orientalischen und indischen Küche und die Samen für Desserts, Kuchen und Brot verwendet.

### *Foeniculum Vulgare*
FENCHEL

Schon seit Plinius ist bekannt, daß Fenchel die Sehfähigkeit verbessert und beim Abnehmen hilft, wie William Coles (1650) in seinem Werk *The Art of Simpling* vermerkte. Inzwischen wurde nachgewiesen, daß die Molekularstruktur der Pflanze Ähnlichkeit mit derjenigen chemischer Amphetamine hat.
KULTUR: Die einjährige Pflanze, die eine Höhe von 1,5 bis 1,8 Meter erreicht, ist leicht anzubauen und gedeiht in gut dräniertem Boden und praller Sonne. Die Anzucht erfolgt aus Samen.
VERWENDETE TEILE: Blätter, Samen, Stiele, Wurzel und ätherisches Öl.
MEDIZINISCHE ANWENDUNG: Aus den Samen wird ein Tee zubereitet, der bei Blähungen hilft und eine Diät unterstützt. Gekaut erfrischen sie den Atem, und der Aufguß läßt sich für Kompressen verwenden.
KULINARISCHE ANWENDUNG: Blätter und Samen haben einen süßlichen Anisgeschmack, der gut zu Fisch- und Gemüsegerichten paßt.

### *Humulus Lupulus*
HOPFEN

Die Römer verzehrten junge Hopfenschoten als Gemüse. Die Pflanze wurde zwar bisweilen als Heilkraut empfohlen, aber der Anbau wurde in Großbritannien erst seit dem 16. Jahrhundert intensiv betrieben, als man sie zum Bierbrauen verwendete. Die nordamerikanischen Indianer kannten ihre sedativen und schmerzlindernden Eigenschaften.
KULTUR: Männliche und weibliche Blüten sind bei dieser winterharten, einjährigen Schlingpflanze mit dichtem Wuchs zweihäusig, also getrennt. Die Pflanze bevorzugt einen nährstoffreichen, feuchten Boden und wird im Frühjahr durch Stecklinge vermehrt. *H.L.* „Aureus“ ist eine goldblättrige Ziersorte.
VERWENDETE TEILE: Weibliche Blüten.
MEDIZINISCHE ANWENDUNG: Die getrockneten Blüten wirken krampflösend und muskelentspannend. Ein mit Hopfen gefülltes Kopfkissen fördert einen gesunden Schlaf.

### *Hypericum Perforatum*
JOHANNISKRAUT

Dem wildwachsenden Vetter der Garten-Hartheugewächse werden schon seit langem magische Eigenschaften zugeschrieben. Das weitverbreitete Heilkraut wird bei Depressionen und Herzbeschwerden verordnet. Seine Wirkung ist erwiesenermaßen genauso intensiv wie Medikamente gegen Depressionen, aber ohne Nebenwirkungen.

KULTUR: Die wildwachsende Pflanze wächst in jedem Boden; die Vermehrung erfolgt durch Teilung.

VERWENDETE TEILE: Blätter und Blütenstiele.

MEDIZINISCHE ANWENDUNG: Die Pflanze hat antibiotische und antibakterielle Eigenschaften und lindert Depressionen. Für die Herstellung von Johanniskrautöl werden die Blüten in einem pflanzlichen Trägeröl eingeweicht.

Aus den Blütenstielen bereitet man einen Tee gegen Nervosität und Spannungskopfschmerzen zu.

### *Hyssopus Officinalis*
YSOP (JOSEFSKRAUT)

Darüber, ob es sich bei dieser frisch duftenden Pflanze um ein biblisches Gewächs handelt, ist die Fachwelt geteilter Meinung. Sie wurde getrocknet und im Haus verstreut, um die Räume zu aromatisieren.

KULTUR: Der einjährige Strauch hat im Spätsommer blaue Blüten. Er gedeiht in nährstoffarmer, trockener Erde und muß im Frühjahr kräftig zurückgeschnitten werden. Er läßt sich problemlos aus Samen anziehen; bei den pinkfarben blühenden Sorten erfolgt die Vermehrung durch Stecklinge.

VERWENDETE TEILE: Blätter, Blütenstiele und ätherisches Öl.

MEDIZINISCHE ANWENDUNG: Ein entzündungshemmendes, schleimlösendes Kraut, das als Tee bei Atemwegsinfektionen getrunken werden kann.

KULINARISCHE ANWENDUNG: Die Blätter können sparsam in Schmor- und Eintopfgerichten, die Blüten für Blattsalate verwendet werden.

AROMATISCHE ANWENDUNG: Ysop vertreibt Insekten.

### *Juniperus Communis*
WACHOLDER

Die alten Ägypter benutzten Wacholder als Räucherwerk und bei rituellen Reinigungszeremonien. Die Heilpflanze ist der Gemeine Wacholder: Bei einigen kultivierten Sorten fehlt der wichtigste Teil, die Beeren.

KULTUR: Wacholder, ein winterharter Strauch oder Baum, wächst in fast jeder Erde.

VERWENDETE TEILE: Früchte (Beeren) und ätherisches Öl.

MEDIZINISCHE ANWENDUNG: Innerlich als Mittel gegen Rheuma, Arthritis und Gicht, äußerlich als Massageöl bei Rheuma.

KULINARISCHE ANWENDUNG: Wacholderbeeren runden Kohl-, Schweinefleisch- und Wildgerichte, süßsauer eingelegte Gemüse und Suppen ab.

**Vorsicht:** ***J. virginiana,*** in Amerika beheimatet, und das von ihr produzierte Zedernöl sind extrem giftig und nur zur äußeren Anwendung geeignet.

### *Laurus Nobilis*
LORBEER (EDLER)

Als eines der wichtigsten Küchengewürze hat Lorbeer auch einige medizinisch verwendbare Teile und ist ganzjährig verfügbar. Die Blätter lassen sich trocknen und haben ein starkes, anhaltendes Aroma.

KULTUR: Obwohl gegen Frost gefeit, sollte Lorbeer in harten Wintermonaten geschützt werden. Eine ansehnliche Topfpflanze, deren Vermehrung aus Stecklingen erfolgt; die Anzucht braucht Zeit.

VERWENDETE TEILE: Blätter.

MEDIZINISCHE ANWENDUNG: Verdauungsfördernd und appetitanregend. Lorbeer kann äußerlich als Kompresse bei Prellungen und Verstauchungen und als Spülung bei Schuppen verwendet werden.

KULINARISCHE ANWENDUNG: Wichtige Zutat des *bouquet garni,* das vielen Gerichten Aroma verleiht.

AROMATISCHE ANWENDUNG: Lorbeerblätter werden für Duftsträußchen und Potpourris verwendet.

**LAVANDULA** SPP

LAVENDEL

Es gibt viele Lavendelsorten und Hybriden. Für medizinische Zwecke eignet sich am besten *L. angustifolia*. Das ätherische Öl findet häufiger als die Blüten Verwendung in medizinischen und kosmetischen Produkten.

KULTUR: Ein leichter, gut dränierter Boden und pralle Sonne sind für Lavendel ideal. Die Vermehrung sollte aus Stecklingen erfolgen, da aus dem Samen keine reinrassigen Pflanzen hervorgehen.

VERWENDETE TEILE: Blüten und ätherisches Öl.

MEDIZINISCHE ANWENDUNG: Lavendel hat antibakterielle und antiseptische Eigenschaften, wirkt entspannend und stärkt das Nervensystem, lindert Kopfschmerzen, Verbrennungen, Stiche und Hautreizungen und vertreibt Insekten.

KULINARISCHE ANWENDUNG: Die Blüten können zum Aromatisieren von Essig und sparsam für Gelees, Marmeladen, Kekse und Desserts verwendet werden.

**LEVISTICUM OFFICINALE**

LIEBSTÖCKEL

Früher war die medizinische Verwendung von Liebstöckel weit verbreitet, und im 19. Jahrhundert stellte man ein Stärkungsmittel daraus her. Heute ist es vornehmlich als Küchenkraut bekannt.

KULTUR: Die Pflanze gedeiht in jeder Erde und treibt aus; der Busch erreicht bisweilen einen Durchmesser von 2 Metern.

VERWENDETE TEILE: Blätter.

MEDIZINISCHE ANWENDUNG: Als Verdauungshilfe bei Koliken und Blähungen; die Pflanze fördert die Schweißbildung, wirkt appetitanregend, harntreibend und schleimlösend.

KULINARISCHE ANWENDUNG: Leicht salzig, mit sellerieähnlichem Geschmack, rundet Liebstöckel als Küchenkraut Suppen, Eintopf- und Schmorgerichte ab.

**LIPPIA CITRIODORA SYN. ALOYSIA TRIPHYLLA**

ZITRONENKRAUT

Ursprünglich in Südamerika beheimatet, behält diese aromatische Pflanze auch getrocknet noch jahrelang ihren Duft.

KULTUR: Braucht im Winter Schutz. Wird in warmen Klimazonen bis zu 3 Meter hoch. Trotz der potentiellen Größe läßt sich Zitronenkraut gut in Pflanzbehältnissen ziehen. Kräftig zurückschneiden, um das Wachstum neuer Triebe zu fördern.

VERWENDETE TEILE: Blätter und ätherisches Öl.

MEDIZINISCHE ANWENDUNG: Das ätherische Öl kann zum Inhalieren verwendet werden. Es wirkt gegen Depressionen, beugt Bakterienbildung vor und vertreibt Inseken. Es sollte aber nie direkt mit der Haut in Berührung kommen, weil es die Sonnenempfindlichkeit erhöht. Aus den frischen Blättern läßt sich ein revitalisierender Tee zubereiten.

AROMATISCHE ANWENDUNG: Die getrockneten Blätter einem Duftpotpourri beigeben.

**MARRUBIUM VULGARE**

WEISSDORN

Hier ist die Rede vom silberblättrigen weißen Andorn, der sich vom unangenehm riechenden Schwarzen Andorn *(Ballota nigra)* unterscheidet, der nicht die gleichen Eigenschaften besitzt. Dieses Kraut wurde schon im alten Ägypten geschätzt und war bei den Römern als Gegenmittel bei Vergiftungen bekannt.

KULTUR: Die winterharte einjährige Pflanze gedeiht im nährstoffarmen, trockenen Boden. Sie läßt sich aus Samen ziehen, keimt aber langsam.

VERWENDETE TEILE: Blätter und Blütenstiele.

MEDIZINISCHE ANWENDUNG: Weißdorn wird für Hustenarzneien verwendet.

**MELISSA OFFICINALIS**

ZITRONENMELISSE

Oft verkannt, weil sie wie Unkraut wuchert, hat Zitronenmelisse einen zarten Zitrusduft, produziert das ätherische Melissenöl und hat zahlreiche medizinische, kulinarische und aromatisch verwendete Teile. Die getrockneten Blätter verlieren ihren Duft und sollten frisch benutzt werden.

KULTUR: Eine winterharte, krautige Pflanze, die in jedem Boden wächst und sich durch Selbstaussaat vermehrt.

VERWENDETE TEILE: Blätter und ätherisches Öl.

MEDIZINISCHE ANWENDUNG: Ein Mittel gegen Depressionen, das entspannend und revitalisierend auf das Nervensystem wirkt. Es kann als Aufguß mit frischen Blättern getrunken oder als ätherisches Öl inhaliert werden. Es bringt Schwellungen und Prellungen zum Abklingen, schützt vor Insekten und lindert Juckreiz.

KULINARISCHE ANWENDUNG: Die frischen Blätter geben vielen Gerichten ein Zitronenaroma.

**MENTHA PULEGIUM**

POLEIMINZE (FLOHKRAUT)

Heute vornehmlich wegen des Aromas geschätzt, hat Poleiminze einen guten Ruf als Heilkraut und wird schon in den ersten Pflanzenbüchern ausführlich beschrieben.

KULTUR: Eine Minzeart, die anspruchslos ist und sich leicht kultivieren läßt. Sie wird aus Ablegern vermehrt.

VERWENDETE TEILE: Blätter.

MEDIZINISCHE ANWENDUNG: Poleiminze wird bei Hautreizungen angewendet.

KULINARISCHE ANWENDUNG: Das stechende, kräftige Aroma ist für die meisten Geschmäcker zu stark, wird aber zur Herstellung von Blutwurst verwendet.

AROMATISCHE ANWENDUNG: Es hat insektenabwehrende Eigenschaften und wirkt gegen Ameisen. Getrocknet wird es für Duftkissen verwendet.

**MENTHA SPP.**

MINZE

Minze hat ein wundervolles Aroma und es gibt zahlreiche Sorten. Ziehen Sie Grüne- und Apfelminze zum Kochen, Pfefferminze für Tee und Eau-de-Cologne-Minze für ein Duftbad.

KULTUR: Sie können Minze in Pflanzbehältnissen ziehen, wenn Sie wildes Wuchern vermeiden wollen oder der Boden zu trocken ist. Die Vermehrung erfolgt durch Ableger und Wurzelteilstücke.

VERWENDETE TEILE: Blätter und ätherisches Öl.

MEDIZINISCHE ANWENDUNG: Aromatisch und anregend, mit antibakteriellen Eigenschaften. Pfefferminze ist verdauungsfördernd und kann als Tee bei Erkältungen und Schüttelfrost getrunken werden.

KULINARISCHE ANWENDUNG: Köstlich in Blattsalaten, Saucen und kleingeschnitten über Gemüse gestreut, vor allem Kartoffeln.

**MONARDA DIDYMA**

BERGAMOTTE

Ursprünglich aus Nordamerika stammend, wurde aus den aromatischen Blättern und farbenprächtigen Blüten der Pflanze von den Indianern ein Tee zubereitet.

KULTUR: Bergamotte gedeiht in feuchter Erde. Bei Trockenheit bildet sich leicht Mehltau. Die Pflanze wird durch Teilung vermehrt.

VERWENDETE TEILE: Blüten und Blätter.

MEDIZINISCHE ANWENDUNG: Bereiten Sie Tee gegen fieberhafte Erkältungen und ein belebendes Getränk am Morgen daraus zu.

AROMATISCHE ANWENDUNG: Beliebt für Duftpotpourris.

### *Ocimum Basilicum*
Basilikum

Basilikum war ursprünglich in Indien beheimatet und eine heilige Pflanze. Es gibt viele Sorten, einschließlich mehrerer purpurfarbener; Basilikum läßt sich leicht kreuzen. Reich an ätherischen Ölen, hat es einen lieblichen, aromatischen Duft.
Kultur: Die einjährige Pflanze wächst in gemäßigten Klimazonen, da sie nicht winterhart ist. Sie bevorzugt feuchten, gut dränierten Boden und wird am besten in einem Pflanzbehältnis gezogen.
Verwendete Teile: Das ganze Kraut und das ätherische Öl.
Medizinische Anwendung: Basilikum hat antiseptische Eigenschaften und hilft gegen Depressionen. Insektenstiche mit den frischen Blättern einreiben; das ätherische Öl, in einem Trägeröl verdünnt, wehrt Insekten ab. Bei Erkältungen und Katarrhen zum Inhalieren geeignet.
Kulinarische Anwendung: Aus Basilikum läßt sich ein köstliches Kräuteröl herstellen. Bekannt als Beigabe zu Tomaten.

### *Origanum* spp.
Majoran

Majoran ist vor allem ein Küchenkraut, hat aber auch medizinische verwendete Teile und wird wegen seiner aromatischen Eigenschaften und ätherischen Öle geschätzt. Meiran *(O. Onites)*, Brauner Dost *(O. vulgaris)* und Echter Majoran *(O. Majorana)* sind für kulinarische und medizinische Zwecke am besten geeignet.
Kultur: Von den drei erwähnten Gattungen ist *O. Majorana* halb winterhart; die anderen vertragen Frost. Sie brauchen gut dränierten Boden und lassen sich leicht durch Teilung vermehren.
Verwendete Teile: Blätter, Blütenstiele, ätherisches Öl.
Medizinische Anwendung: Als Tee bei Kopfschmerzen, für Kompressen bei rheumatischen Beschwerden und Gelenkschmerzen. Das ätherische Öl wirkt beim Inhalieren entspannend.
Kulinarische Anwendung: Majoran läßt sich gut trocknen und findet in der griechischen und italienischen Küche häufig Verwendung.

### *Petroselinum Crispum*
Petersilie

Die Griechen legten Petersilie aufs Grab und fütterten damit ihre Streitrösser, aßen sie aber selten selbst. Im siebzehnten Jahrhundert galt das Kraut bei Herbalisten als Gegengift, und heute dient es vornehmlich zum Garnieren. Es hat keine direkte medizinische Wirkung, aber einen hohen Nährwert. Die flachblättrige und krause Sorte enthalten Vitamin A und C, Eisen und Antioxidantien.
Kultur: Die zweijährige Pflanze braucht einen gut gepflegten, nährstoffreichen und feuchten Boden, um zu gedeihen. Die Anzucht erfolgt aus Samen.
Verwendete Teile: Blätter und Stengel.
Kulinarische Anwendung: Petersilie paßt zu vielen Gerichten. Der Geschmack ist milde und köstlich. Petersilie wird in größerer Menge bei der Zubereitung von exotischen Gerichten wie Tabbouleh verwendet.

### *Rosa* spp.
Rose

Schon in den ersten *Herbalien* findet man eine Fülle von Rezepturen für medizinische, kosmetische, kulinarische und allgemein stimmungshebende Zwecke. Rosenöl hat eine komplexe Struktur und besteht aus mehr als 300 chemischen Substanzen. Es hat eine sanfte therapeutische Wirkung auf die Haut. *Rosa gallica officinalis,* als Apothekerrose bekannt, wurde früher häufig für medizinische Präparate benutzt. Die Abbildung zeigt die Sorte *„Rosa gallica versicolor"*.
Verwendete Teile: Blütenblätter, Hagebutten und ätherisches Öl.
Medizinische Anwendung: Rosenöl kann zum Inhalieren gegen Depressionen und als Massageöl benutzt werden. Es hat entzündungshemmende Eigenschaften und ist in Cremes und Lotionen für empfindliche Haut enthalten. Die Hagebutten werden zu Hustensaft verarbeitet und sind reich an Vitamin C.

**_Rosmarinus Officinalis_**

Rosmarin

Rosmarin stärkt das Gedächtnis, wie man seit langem weiß. Das ätherische Öl gehörte zu den ersten Pflanzenölen, die im vierzehnten Jahrhundert destilliert wurden; der belebende Duft sorgt für einen „klaren Kopf". In der modernen Kräuterheilkunde wird Rosmarin vor allem als Mittel gegen Depressionen geschätzt.

Kultur: Die Pflanze ist nicht winterhart und braucht zusätzlichen Schutz. Sie gedeiht am besten in leichter, gut dränierter Erde. Die Vermehrung erfolgt durch Stecklinge.

Verwendete Teile: Blätter, Blütenstiele und ätherisches Öl.

Medizinische Anwendung: Rosmarin hat revitalisierende Eigenschaften und kann als Tee bei Kopfschmerzem, Nervosität und Schwächezuständen verwendet werden. Bei nervöser Erschöpfung die frischen Blätter oder das ätherische Öl zum Inhalieren benutzen.

Kulinarische Anwendung: Ein traditionelles Gewürz für Lammgerichte.

**_Ruta Graveolens_**

Gartenraute

Früher wurde Gartenraute als Gegenmittel bei Vergiftungen empfohlen. Sie diente außerdem als Insektizid: Getrocknete Raute wurde auf den Fußboden gestreut und Rautenwasser gegen Flöhe im Haus verspritzt.

Kultur: Die Pflanze zieht leichten, gut dränierten Boden vor. Die Vermehrung erfolgt durch Samen oder Stecklinge.

Verwendete Teile: Blätter und Blüten.

Aromatische Anwendung: Getrocknet für Duftkissen gegen Insekten.

**Vorsicht:** Immer Handschuhe tragen, wenn Sie mit Gartenraute in Berührung kommen; sie erzeugt Blasen.

**_Salvia Officinalis_**

Salbei

Der lateinische Name leitet sich von *salvare,* „retten" ab, eine Anspielung auf die Heileigenschaften und mannigfaltige medizinische Verwendung der Pflanze. Scharlachroter Salbei soll als Heilkraut am wirksamsten sein.

Kultur: Ursprünglich im Mittelmeerraum beheimatet, wächst Salbei am besten in trockener, gut dränierter Erde. Scharlachroter Salbei ist winterhart, der Tricolor-Salbei sollte im Winter gegen Frost geschützt werden. Die Vermehrung erfolgt durch Stecklinge oder Ableger.

Verwendete Teile: Blätter und ätherisches Öl.

Medizinische Anwendung: Salbei hat antiseptische und antibakterielle Eigenschaften und ist traditioneller Bestandteil von Arzneimitteln gegen Husten, Erkältungen und Atemwegsbeschwerden.

Kulinarische Anwendung: Ein beliebtes Küchenkraut, das vielen Gerichten Würze und Aroma verleiht.

**_Sambucus Nigra_**

Holunder

Als „medizinisches Schatzkästlein der Landbevölkerung" bekannt, wird dieser am Wegesrand wachsende Strauch heute oft nur noch von Feinschmeckern geschätzt. Früher hieß es, er sei imstande, vor bösen Geistern und Hexerei zu schützen.

Verwendete Teile: Blüten, Beeren und Blätter.

Medizinische Anwendung: Holunderblüten in Form von Tee und Tinkturen lindern Katarrh und Heuschnupfensymptome vor Beginn des Pollenflugs. Sie wirken entzündungshemmend und beruhigend auf empfindliche Haut. Die Beeren sind reich an Vitamin A, Blüten und Beeren werden zu Arzneimitteln gegen Erkältung und Grippe verarbeitet. Die Blätter wehren Insekten ab.

Kulinarische Anwendung: Die Blüten haben einen Muskatellergeschmack und passen gut zu Stachelbeeren. Köstlich als frittierte „Hollerküchlein", zu Eiscreme und Sorbet.

### *Santolina Chamaecyparissus*
Heiligenkraut

Das silberblättrige Kraut (es gibt auch grüne Varietäten) wächst wild auf den Hügeln in der Mittelmeerregion. Im 16. Jahrhundert wurde es in Großbritannien in kunstvoll angelegten Blumengärten kultiviert und als insektenabwehrendes Mittel ausgestreut.

Kultur: Die einjährige Pflanze zieht gut dränierte Böden und pralle Sonne vor; sie braucht wenig Wasser. In harschen Wintern braucht sie zusätzlichen Schutz. Sie muß regelmäßig zurückgeschnitten werden.

Verwendete Teile: Blätter und Blütenstiele

Medizinische Anwendung: Heiligenkraut hat entzündungshemmende Eigenschaften und kann für Breiumschläge bei geringfügigen Hautreizungen und Insektenstichen verwendet werden.

Aromatische Anwendung: Starkes, an Desinfektionsmittel erinnerndes Aroma; das Kraut läßt sich gut trocknen und Potpourris und Duftkissen gegen Insekten beifügen.

### *Saponaria Officinalis*
Seifenkraut

Bevor es Seife in ihrer heutigen Form gab, war diese Kriechpflanze mit ihren pinkfarbigen Blüten eine wertvolle Hilfe für die Hygiene. Blätter und Wurzeln enthalten Glukoside (chem. Saponin), und beim Kochen oder bei der Zubereitung eines Aufgusses entsteht eine Flüssigkeit, die leicht schäumt, wenn sie aufgeschlagen oder geschüttelt wird. Damit lassen sich alte Wandbehänge und kostbare Stoffe, für die moderne Waschmittel zu scharf sind, schonend reinigen.

Kultur: Eine wuchernde Pflanze mit Kriechwurzeln, die in nährstoffarmer Erde gedeiht.

Verwendete Teile: Wurzeln, Stiele, Blätter und Blüten.

Kosmetische Anwendung: Die frische Pflanze, einschließlich Wurzelöl, kann für ein naturbelassenes Shampoo verwendet werden.

### *Satureja Hortensis* und *S. Montana*
Bohnenkraut und Winterbergminze

Zu Zeiten der alten Römer wegen ihres Geschmacks geschätzt, haben beide Kräuter einen leicht würzigen Duft und sind ideal für die Küche. Bohnenkraut in die neue Heimat mitzunehmen war früher ein Muß für Briten, die nach Amerika auswanderten.

Kultur: Bohnenkraut ist eine einjährige und Winterbergminze eine winterharte, niedrige Strauchpflanze. Beide lassen sich aus Samen ziehen, und Winterbergminze kann überdies durch Teilung vermehrt werden.

Verwendete Teile: Blätter und ätherisches Öl.

Medizinische Anwendung: Bohnenkraut und Winterbergminze haben antibakterielle Eigenschaften. Sie sind außerdem verdauungsfördernd und appetitanregend.

Kulinarische Anwendung: Beide passen gut zu Bohnen und vielen Eier-, Fisch- und Fleischgerichten.

### *Sempervivum Tectorum*
Hauslauch

Im Mittelaler wuchs diese dekorative Sukkulente in ganz Europa auf dem Dach von Bauernhäusern, denn es hieß, daß sie vor Blitzschlag schützt. Sie wurde auch als Heilpflanze bei Hauterkrankungen benutzt.

Kultur: Hauslauch gedeiht in trockener Erde und breitet sich aus, wuchert aber nicht. Die Vermehrung erfolgt durch Ableger.

Verwendete Teile: Blätter.

Medizinische Anwendung: Der Saft der eingeritzten Blätter wird auf entzündete und gereizte Hautpartien, Verbrennungen, Insekten- und Wespenstiche aufgetragen.

**STACHYS OFFICINALIS**

ZEHRKRAUT (ZIEST)

Früher in allen Gärten angebaut, wurde Zehrkraut als Heilpflanze geschätzt. Außerdem schrieb man ihr übernatürliche Kräfte zu: Es hieß, daß sie vor bösen Geistern schützt.

KULTUR: Eine wildwachsende Pflanze mit fuchsig- bis pinkfarbenen Blüten, die in normaler, trockener Erde wächst.

VERWENDETE TEILE: Die ganze Pflanze.

MEDIZINISCHE ANWENDUNG: Als Tee bei Spannungskopfschmerzen, aber nur in kleinen Mengen: Ein oder zwei Blätter sollten einem anderen Tee beigemischt werden, z. B. Rosmarin- oder Johanniskrauttee.

**Vorsicht:** In hoher Dosierung kann Zehkraut Durchfall und Erbrechen verursachen; während der Schwangerschaft meiden.

**SYMPHYTUM OFFICINALE**

BEINWELL (BEINWURZ, SCHMERZWURZ)

Der Name deutet auf die medizinischen Eigenschaften des Heilkrauts hin. Die verwelkten Blätter sind auch als Rotteförderer in Komposthaufen und organischer Dünger für den Garten zu empfehlen, da sie reich an pflanzlichen Nährstoffen sind.

KULTUR: Winterharte Pflanze mit großzügiger Selbstaussaat. Die Vermehrung erfolgt durch Samen oder Teilung im Frühjahr.

VERWENDETE TEILE: Blätter.

MEDIZINISCHE ANWENDUNG: Innere Anwendung bei Migräne und Rheuma, entweder frische Blätter oder als schwacher Aufguß mit viel Honig, um den bitteren Geschmack zu überdecken. Äußere Anwendung als Aufguß oder Tinktur zur Linderung von Insektenstichen.

**Vorsicht:** Übermäßige Verwendung kann Mundgeschwüre oder Dermatitis (Hautentzündung) hervorrufen. Nicht während der Schwangerschaft benutzen.

**TANACETUM PARTHENIUM** SYN. **CHRYSANTHEMUM PARTHENIUM**

MUTTERKRAUT

Mutterkraut kam zu neuen medizinischen Ehren, als seine Wirkung gegen Migräne entdeckt wurde. Allerdings benutzten es die Herbalisten schon früher dagegen.

VERMEHRUNG: Ein Immergrün, das sich im Freien selbst vermehrt. Im Garten Vermehrung durch Samen und Teilung im Frühling.

VERWENDETE TEILE: Blätter.

MEDIZINISCHE ANWENDUNG: Innerlich gegen Migräne und Rheuma, oft mit Honig, um Bitternis zu überdecken. Äußerlich als Tinktur gegen Insektenstiche.

**Vorsicht:** Nicht in der Schwangerschaft anwenden. Mutterkraut kann Mundgeschwüre und Hautausschlag erzeugen.

**TARAXACUM OFFICINALE**

LÖWENZAHN

Löwenzahnblätter sind harntreibend, daher der französiche Name *pissenlit;* aufgrund ihres hohen Vitamin- und Mineralstoffgehalts läßt sich daraus ein hervorragendes Tonikum zubereiten.

VERWENDETE TEILE: Blätter und Wurzeln.

MEDIZINISCHE ANWENDUNG: Die Blätter enthalten Vitamin A, B, C und D, Kalium, Eisen und andere Mineralstoffe. Man nimmt nur die jungen Blätter, die eine stärkende Wirkung haben, die alten sind zu bitter. Die Wurzeln haben antirheumatische Eigenschaften und werden zur Herstellung eines im Handel erhältlichen Kaffees verwendet.

**THYMUS VULGARIS UND T. SERPYLLUM**
THYMIAN

Thymianöl verzögert nachweislich den Alterungsprozeß, und ein handelsübliches Produkt auf der Basis von Thymianöl soll, wie es heißt, Sehkraft und Gehirnfunktion stärken. Thymian gehört zu den nützlichsten Gartenkräutern mit vielen medizinischen Anwendungen.
KULTUR: Als typisches, mediterranes Bergkraut bevorzugt es leichten, gut dränierten Boden; es verträgt keine harschen Winter oder Nässestau im Wurzelbereich. Die Vermehrung erfolgt durch Stecklinge.
VERWENDETE TEILE: Blätter und ätherisches Öl.
MEDIZINISCHE ANWENDUNG: Sowohl antiseptisch als auch antibakteriell wirkend, wird Thymian bei Halsschmerzen, Husten, Erkältungen und zur Förderung der Wundheilung verwendet.
KULINARISCHE ANWENDUNG: Verleiht fett- und salzarmer Kost Geschmack und ist Bestandteil des klassischen *bouquet garni*.

**TROPAEOLUM MAJUS**
KAPUZINERKRESSE

Diese bekannte Gartenpflanze kam im 16. Jahrhundert von Südamerika nach Europa.
KULTUR: Eine einjährige Pflanze, die sich leicht aus Samen in Pflanzbehältnissen ziehen läßt. Sie liebt Feuchtigkeit und Sonne, und blüht am besten in nährstoffarmen Böden.
VERWENDETE TEILE: Blüten, Blätter und Samen.
MEDIZINISCHE ANWENDUNG: Kapuzinerkresse hat antiseptische Eigenschaften und ist in Haarpflegemitteln gegen Schuppen, trockene Kopfhaut und Haarausfall enthalten.
KULINARISCHE ANWENDUNG: Die Blätter haben einen pfeffrigen Geschmack und enthalten Vitamin C. Blätter und Blüten lassen sich Blattsalaten beigeben. Die Samen werden wie Kapern eingelegt.

**URTICA DIOICA**
NESSELN

Brennesseln haben einen angestammten Platz unter den alten Hausmitteln. Sie gehörten zu den Kräutern, denen man Zauberkräfte nachsagte. Im *Leech Book of Bald* aus dem 10. Jahrhundert werden sie, in Öl gedünstet und als Einreibemittel für den ganzen Körper verwendet, als Mittel gegen Erkältungen empfohlen. Nesseln sind in der Kräuterheilkunde auch heute noch von Bedeutung.
VERWENDETE TEILE: Blätter.
MEDIZINISCHE ANWENDUNG: Aufgrund ihres hohen Eisengehalts läßt sich daraus ein ausgezeichnetes Stärkungsmittel zubereiten, und da sie außerdem reich an Vitamin C sind, wird das Eisen angemessen vom Körper absorbiert. Ihre harntreibende und somit Harnsäure abbauende Wirkung soll Arthritis und rheumatische Schmerzen lindern. Sie sind in Haarspülungen gegen trockene Kopfhaut, Schuppen und Haarausfall enthalten.

**VALERIANA OFFICINALIS**
BALDRIAN

Baldrian wird bereits in angelsächsischen *Herbalien* aus dem 11. Jahrhundert erwähnt, da man die beruhigenden Eigenschaften der Pflanze schätzte. Sie wird noch heute in der Kräuterheilkunde verwendet.
KULTUR: Baldrian wächst in jedem Boden und Klima, obwohl die Pflanze feuchte Erde bevorzugt. Die Vermehrung erfolgt durch Teilung.
VERWENDETE TEILE: Wurzel, frische oder getrocknete Blätter.
MEDIZINISCHE ANWENDUNG: Als Aufguß oder Wurzelabsud bei Nervosität, Streß und Schlafstörungen.

# GEWÜRZE UND ANDERE INGREDIENZIEN

## — *Gewürze* —

### CAYENNEPFEFFER
### *CAPSICUM FRUTESCENS*

Gemahlene Form der scharfen roten Chilipfefferschoten. Ein Stärkungsmittel für das Nervensystem mit antibakteriellen und antiseptischen Eigenschaften, fördert es Durchblutung und Schweißbildung. Er enthält Vitamin A, B und C. Er kann - in Maßen - bei Erkältungen und Halsschmerzen verwendet werden.

### FLATTERELME

Die pulverisierte Rinde des in Nordamerika beheimateten Baums *Ulmus fulva* hat stärkende und heilungsfördernde Eigenschaften und wird für Breiumschläge verwendet. Sie kann auch mit Wasser gemischt, bei Magenverstimmungen eingenommen werden.

### GEWÜRZNELKEN
### *SYZYGIUM AROMATICUM*

Gewürznelken sind die getrockneten, unreifen Blütenknospen eines kleinen tropischen Baums. Sie wirken anregend, wärmend, verdauungsfördernd, antiseptisch, leicht betäubend und beugen Übelkeit vor. Nelkenöl wird äußerlich bei Kopfweh angewendet.

### INGWER
### *ZINGIBER OFFICINALIS*

Ingwer ist eine Pflanze aus den tropischen Wäldern. Die Wurzel wird frisch oder getrocknet und gemahlen verwendet. Sie ist ein wichtiger Bestandteil der asiatischen Küche. Ingwer fördert die Durchblutung, beugt Übelkeit vor und ist in Grippemitteln enthalten.

UNTEN: *Viele Gewürze haben antibakterielle Eigenschaften.*

OBEN: *Veilchenwurzelpulver wird aus dem Rhizom der Florentinischen Schwertlilie gewonnen.*

### KÜMMELSAMEN
### *CARUM CARVI*

Wirkt verdauungsfördernd in Tee oder als Beigabe in vielen Gerichten.

### MUSKATBLÜTE (MACISBLÜTE) UND MUSKATNUSS
### *MYRISTICA FRAGRANS*

Beide Gewürze stammen vom selben Baum: Muskatblüte wird aus der äußeren Fruchthülle, Muskatnuß aus dem Kern gewonnen. Muskatnuß hat verdauungsfördernde Eigenschaften und beugt Übelkeit und Erbrechen vor. Das ätherische Öl kann bei Rheuma massiert werden. Muskatnuß sollte nicht in zu großen Mengen verzehrt werden.

### IRIS-/VEILCHENWURZELPULVER

Der gemahlene Wurzelstock (Rhizom) der Florentinischen Iris ist cremeweiß und duftet leicht nach Veilchen. Das Pulver wird als Fixativ für Duftpotpourris benutzt.

### ZIMT
### *CINNAMON* SSP.

Zimstangen bestehen aus der gerollten inneren Rinde eines tropischen Baums. Zimt wird auch in gemahlener Form verwendet. Scharf und wärmend, ist er gut gegen Erkältungen und Verdauungsbeschwerden. Das ätherische Öl wirkt gegen Bakterien und Pilzbefall.

## — *Gummi und Harze* —

### BENZOIN

Das aromatische Harz des Storaxbaums mit konservierenden, antiseptischen Eigenschaften ist als Tinktur oder in gemahlener Form erhältlich und wird für Cremes und Salben verwendet.

### GUMMIHARZ

Das Gummiharz des Weihrauchbaums *Boswellia thurifera* ist Bestandteil des Weihrauchs. Das ätherische Öl wärmt und entspannt.

### MYRRHE

Myrrhe, das Gummiharz eines asiatischen Strauchs, wirkt gegen Pilzbefall und Bakterien und stimuliert das Immunsystem. Ihre konservierenden

Eigenschaften werden für Cremes, Lotionen und zum Fixieren der Potpourri-Düfte genutzt.

### —*Mineralstoffe*—

BORAX

Eine mineralische Ablagerung am Ufer alkalischer Seen mit reinigenden Eigenschaften. Bei der Herstellung von Cremes kann Borax als Emulsionsmittel verwendet werden, da es Öl und Wasser bindet.

FULLER-/BLEICHERDE

Eine tonähnliche, mineralreiche Substanz, die früher zum Entfernen von Öl und Schmierflecken aus gewebten Wollstoffen verwendet wurde. Sie wirkt entzündungshemmend.

### —*Fette/Öle und Wachse*—

BIENENWACHS

Bienenwachs hat naturbelassen eine gelbe Farbe; die weiße Sorte ist gebleicht. Es wird als Emulsionsmittel für Öl-Wasser-Mischungen verwendet.

*UNTEN: verschiedene Pflanzenöle.*

*OBEN: Aromatische Harze dienen als Konservierungsmittel in Lotionen.*

EMULSIONSWACHS

Auch in Cremeform erhältlich und aus Stearylalkohol und Laurylsulphat hergestellt. Ein organischer Ersatz ist Lanolin. Die Creme läßt sich einfacher verarbeiten als Wachs.

GLYZERIN

Glyzerin ist ein klebriges, geruch- und farbloses, wasserlösliches Schmiermittel.

KAKAOBUTTER

Das Fett der Kakaobohne ist cremefarben, nährstoffreich, ölig und feuchtigkeitsspendend.

KOKOSÖL

Extrakt aus dem weißen Fleisch der Kokosnuß, fett- und feuchtigkeitsspendend. Bei Zimmertemperatur und darunter hat es eine feste Konsistenz; es schmilzt jedoch, wenn es lauwarm wird.

LANOLIN

Lanolin, der Hauttalg der Schafwolle, ist dickflüssig, klebrig und eine organische Alternative zum Emulsionswachs. Bei Empfindlichkeit kann es jedoch Allergien verursachen. Es gibt Lanolin mit und ohne Wasserzusatz im Handel; letzteres hat eine dickere Konsistenz.

PFLANZENÖLE

Mandel-, Oliven-, Färberdistel- und Sonnenblumenöl sind gute Träger- oder Basisöle. Weizenkeimöl, reich an Mineralstoffen und Vitamin E, wird in kleiner Menge beigegeben, aber selten als Grundsubstanz verwendet.

*RECHTS: Einige der Grundsubstanzen für die Herstellung von Hausmitteln.*

VASELINE

Ein mineralisches Schmiermittel, das nicht leicht in die Haut einzieht, aber einen Schutzfilm erzeugt und eine gute Grundsubstanz für Salben und Cremes ist.

### —*Ätherische Öle*—

Ätherische Öle sind flüchtige Substanzen und unterscheiden sich von den fetthaltigen Pflanzenölen. Sie sind nicht schmierig, oft farblos und in winzigen Mengen in Wurzeln, Blättern, Stielen, Blüten, Rinden oder Harzen von Pflanzen enthalten. Ihre chemische Struktur ist komplex und verleiht der Pflanze ihren charakteristischen Geruch. Die meisten ätherischen Öle werden durch Dampfdestillation oder flüchtige Lösungsmittel gewonnen.

# Beschwerden und Behandlung

Die Beschwerden verschwinden nicht zwangsläufig durch die empfohlene Behandlung, werden aber gelindert. Bei schwerwiegenden oder chronischen medizinischen Problemen sollte immer ein Arzt konsultiert werden.

### —*Atemwegsprobleme*—

ERKÄLTUNGEN: Holunderblüte, Pfefferminze, Salbei, Thymian, Weißdorn als Tee, Holunderbeeren, Ingwer, Knoblauch, Cayennepfeffer, Zimt, Eukalyptus, Kampfer, Lavendel zum Inhalieren.

HALSWEH: Bohnenkraut, Cayennepfeffer, Salbei, Thymian, Ysop.

HUSTEN: Borretsch, Salbei, Thymian, Weißdorn, Ysop, Ingwer, Knoblauch.

NASENNEBENHÖHLENENTZÜNDUNG: Basilikum, Cayennepfeffer, Eukalyptus, Salbei, Thymian, Wacholder, Ysop, Zimt.

SCHNUPFEN: Holunderblüten als Tee, Tinktur oder Saft; Salbeitee.

### —*Augenprobleme*—

ENTZÜNDETE, JUCKENDE AUGEN: Fenchel, Kamille, Rose als Kompresse.

### —*Haut- und Haarprobleme*—

AUSSCHLAG UND HAUTREIZUNG: Aloe vera, Hauslauch, Ringelblume.

FLECKEN: Knoblauch, Teebaumöl.

HAARAUSFALL: Brennessel, Kapuzinerkresse.

PILZINFEKTIONEN: Aloe vera, Myrrhe, Teebaumöl.

PRELLUNGEN: Arnika, Beinwell, Schafgarbe als Breiumschlag oder Salbe.

SCHNITT- UND SCHÜRFWUNDEN: Beinwell, Ringelblume, Salbei, Thymian als Kompresse oder Salbe.

STICHE (MÜCKEN UND BIENEN): Aloe vera, Basilikum, Hauslauch, Zitronenmelisse, Zwiebel, Beinwell, Ringelblume, Schafgarbe, Hamamelis, Lavendelöl.

SCHUPPEN/TROCKENE KOPFHAUT: Brennessel, Eberraute, Lorbeer, Rosmarin.

SONNENBRAND: Aloe vera, Angelika, Hamamelis, Ringelblume.

VERBRENNUNGEN: Aloe vera, Hauslauch, Lavendelöl, Ringelblumencreme.

### —*Kopfschmerzen*—

SPANNUNGS- UND ANDERE KOPFSCHMERZEN: Johanniskraut, Majoran, Rosmarin, Schafgarbe, Lavendel, Lavendelöl.

MIGRÄNE: Mutterkraut.

### —*Nervosität*—

ANSPANNUNG UND DEPRESSIONEN: Baldrian, Basilikum, Borretsch, Johanniskraut, Rosmarin, Zitronenkraut, Zitronenmelisse, Basilikum, Bergamotte, Jasmin, Kamille, Lavendel, Neroli, Rose, Sandelholz, Thymian, Weihrauch.

SCHLAFSTÖRUNGEN: Baldrian, Dill, Holunderblüte, Kamille, Lavendel, Lindenblüte, Hopfen, Veilchentinktur, Kamille, Lavendel, Majoran, Neroli, Rose, Sandelholz, Wacholder.

### —*Schmerzen*—

ARTHRITIS UND RHEUMA: Angelika, Majoran als Kompresse; Eukalyptus im Badeöl; Knoblauch, Wacholderbeeren innerlich angewendet oder als Massageöl.

ARTHRITIS UND GICHT: Brennesseln in Tee, Suppen oder als Gemüse.

VERSTAUCHUNGEN UND ZERRUNGEN: Aloe vera, Arnika, Beinwell, Ringelblume, Schafgarbe, Baldrian, Lorbeer als Kompresse.

### —*Verdauungsbeschwerden*—

VERDAUUNGSSTÖRUNGEN: Angelika, Dill, Fenchel, Kerbel, Koriander, Kümmel, Liebstöckel als Tee oder Beigabe zur Nahrung; Kamille als Tee.

ÜBELKEIT: Gewürznelken, Ingwer, Muskatnuß, Zimt.

# INDEX


Ableger, 17
Aloe vera, 35, 66, 112
Ampferblätter, 66
Angelika, 74, 105. 106, 113
Anlage, Kräutergarten 11
Antioxidantien, 42-3
Apfelessig, 46
Apfelminze, 18
Arnika, 66, 114
Atemwegsbeschwerden, 126
Aufgüsse, 49
Augenprobleme, 76, 126

Badebeutel, 88-9
Badeöle und Lotionen, 90-1
Baldrian, 51, 76, 123
Basilikum, 22, 44, 45, 66, 119
Beinwell, 34, 70, 74, 89, 93, 122
Benzoin, 124
Bergamotte, 32, 51, 118
Beschwerden, 126
Besenreiser, 95
Bienenwachs, 67, 96, 125
Bleicherde, 125
Blumenampeln, 26-7
Bohnenkraut, 121
Borax, 125
Borretsch, 32, 42, 56, 60, 114
Breiumschläge, 74-5
Brennesseln, 42, 51, 54, 89, 99, 123
Brombeeressig, 47
Brunnenkresse, 42, 57, 105

Cayennepfeffer, 42, 45, 124

Dampf, inhalieren, 77, 92
Depressionen, Kräutertee bei, 51
Dill, 32, 50, 112

Düngen, 19
Duftkissen, 82-3
Duftkorb, 26-7
Duftkugeln, 108-9
Duftpotpourri, 80, 83, 106-7
Duftsträußchen, 38-9

Eau-de-Cologne-Minze, 18
Eberraute, 16, 33, 83, 99, 113
Einreibemittel, 72-3
Emulsionswachs, 125
Erde, für Pflanzbehältnisse, 18
Erkältungen, 28-9, 50, 58, 60, 72
Ernährung, 42-3
Erste Hilfe, 66
Essig, 46-7
Estragon, 22
Eukalyptus, 72

Fenchel, 50, 76, 105, 115
Feuchtigkeitscreme, 96
Flaschen, sterilisieren, 52
Flatterulme, 75, 124
Fußbäder, 102-3

Gartenraute, 11, 33, 120
Gesichtsbehandlung, 92-3
Gesichtswasser, 94-5
Gewürze, 55, 124
Gewürznelken, 108, 124
Glyzerin, 125
Gurgeln, Mundwasser 61
Guten-Morgen-Tee, 51

Haarpflege, 36-7, 99, 126
Haferbrei, 74
Hamamelis, 66
Handpflege, 100-1
Hauslauch, 17, 66, 89, 102, 121
Haut, 89
Hautprobleme, 126
Hautsalbe, 68-9
Heiligenkraut, 33, 83, 121
Herbalien, 6
Himbeeressig, 47
Himbeeressig-Tinktur, 63
Holunderbeeren, 42, 59, 120
Holunderblüten, 50, 51, 59, 63, 94, 96-7, 120
Hopfen, 80, 115
Husten, 50, 60

Ingwer, 42, 60, 124
Inhalationsmittel, 77
Insektenstiche, 34-5
Insektenschutz, 33, 84-5

Jasmin, 78, 80
Johanniskraut, 30, 51, 116

Kakaobutter, 125
Kamille, 17, 32, 36, 50, 51, 76, 80, 89, 92, 98, 99, 115
Kapuzinerkresse, 19, 57, 99, 123
Kerbel, 113
Kerzen, insektenabwehrende, 85
Knoblauch, 42, 45, 54, 58, 66, 72, 112
Kokosöl, 91, 125
Kompressen, 76
Kopfschmerzen, 30-1, 51, 76, 126
Koriander, 59, 115
Kräuter
  auf der Fensterbank, 22-3
  ernten, 20
  lagern, 21
  medizinische, 41-63
  trocknen, 20-1, 106
  ziehen, 9-39
Kümmel, 32, 105, 114, 124

Lanolin, 125
Lavendel, 20, 30, 36, 46, 50, 62, 63, 66, 67, 72, 76, 80, 83, 102, 105, 106, 117
Liebstöckel, 11, 20, 21, 117
Lindenblütentee, 51
Lippenbalsam, 67
Löwenzahn, 42, 56, 122

Lorbeer, 11, 46, 83, 116

Majoran, 11, 30, 74, 106, 119
Mineralstoffe, 42-3, 125
Minze, 15, 18, 22, 83, 95, 106, 118
Minze, grüne, 18, 51
Minze, Marokkanische, 18
Motten, Duftkissen 83
Mundgeschwüre, 105
Mundwasser, 61, 104-5
Muskatblüte (Macisblüte), 124
Muskatnuß, 105, 124
Mutterkraut, 30, 122
Myrrhe, 105, 124-5

Nervosität, 51, 126

Öle, ätherische, 66, 125
  Badeöle, 90-1
  für Duftlampen, 78-9
  Kräuter-, 44-5
  zum Inhalieren, 77

Orangenblüten, 57. 80, 91, 98

Petersilie, 22, 41, 42, 57, 93, 105, 119
Pfefferminze, 18, 28, 32, 46, 50, 51
Pflanzbehältnisse, 18-9
Pflanzenöle, 125
Pflanzen, Teilung, 14
Poleiminze, 26, 33, 83, 118
Prellungen, 34-5, 70-1, 74

Rheuma, Einreibemittel, 72
Ringelbume, 20, 21, 34, 68, 95, 114
Rose, 47, 80, 94, 100-1, 106, 119
Rosenwasser, 76, 93
Rosmarin, 30, 36, 38, 41, 46, 51, 52, 83, 89, 90, 99, 102, 120

Salate, 56-7
Salbei, 16, 19, 28, 36, 38, 41, 46, 50, 61, 74, 93, 104, 105, 120
Samen, Aussaat, 12-3
Schafgarbe, 34, 84, 102, 112
Schlafkissen, 80-1
Schlafprobleme, 51, 80-1
Schmerzen, 89, 126
Schnittlauch, 14, 23, 111
Schnittwunden, 15-6
Schuppen, 99
Seifenkraut, 98, 121
Senf, Fußbad 103
Shampoo, Kräuter-, 98
Sirup, 59
Stärkungsmittel, 59
Stecklinge, 15
Suppe, 54

Teebaumöl, 66
Teegarten, im Topf, 32
Tees,
  belebende 51
  Kräuter-, 48-51
Triebe, 16
Thymian, 11, 24-5, 26, 28, 41, 42, 50, 60, 61, 75, 83, 99, 106, 123
Tinkturen, 62-3

Vaseline, 125
Veilchentinktur, 63
Veilchenwurzelpulver, 80, 83, 106, 108, 124
Verdauungsprobleme, 50, 126
Vermehrung, 12-17
Vier-Diebe-Essig, 46
Vitamine, 42-3

Wacholder, 54, 63, 116
Weihrauch
Wein, 52
Weißdorn, 28, 34, 50, 61, 117

Wermut, 9, 33, 46, 76, 84, 114

Ysop, 28, 33, 50, 61, 116

Zahnpulver, 104
Zehrkraut, 122
Zimt, 46, 105, 106, 124
Zitronenkraut, 19, 33, 51, 102, 105, 117
Zitronenmelisse, 51, 56, 66, 118
Zwiebeln, 54, 66



Danksagung

Ich danke Peter Freeman und allen Mitarbeitern des Bressingham Plant Center in Dorney Court, Windsor, für die Leihgabe der Behältnisse und Pflanzen, die auf den Seiten 29 und 37 abgebildet sind. Mein Dank gilt auch Fiona Eaton für ihre konstruktive Zusammenarbeit, Michelle für die wunderschönen Fotos und meinem Mann und meinen Töchtern für ihre Hilfe und moralische Unterstützung.

Quellen

A-Z Botanical Collection Ltd: 112 (Dill), 114 (Kümmel), 118 (Poleiminze). Marie O'Hara: 112 (Knoblauch). Jessica Houdret: 115 (Kamille). Polly Wreford: 10, 116 (Wacholder, Lorbeer), 120 (Schafgarbe).